KB185147

심리학으로
기획합니다

심리학으로 기획합니다

기획자의 무기가 되는 심리학 씽킹

박승원 지음

초록비책공방

당신은 어떤 기획자인가요?

저는 생각이 많아질 때 서점에 가곤 합니다. 꽂혀 있는 책들을 둘러보며 새로운 단어를 수집하기도, 익숙한 단어의 낯선 조합을 찾아보기도 하는데요. 그중 심리라는 단어가 들어 있는 책은 펼쳐서 목차까지 둘러보는 편입니다. 심리학을 어떻게 풀어냈을지 궁금하거든요.

그렇게 펼쳐본 책의 목차는 대개 다양한 법칙과 이론을 소개하고 있습니다. 어느 정도 상상이 가는 구성이죠? "○○○ 법칙: 인간의 순간적인 판단은 블라블라 한다. 그러니 순간적인 판단을 유도하기 위해서는 ○○○ 해라." 법칙을 설명하고 일상에 적용하는 법을 알려줍니다.

그런데 말입니다. 정작 저는 심리학 이론이나 법칙을 기준으로 행동을 설계하며 일해 본 적이 없습니다. 기획이라는 업무의 특성상 여러 가지를 상상하다가 유사한 상황을 설명하는 이론이 떠오른 적은 있지만요. 순서가 반대인 셈이지요.

그렇기에 함께 일했던 동료들이 저에게 궁금한 것은 '여기에 맞는 심리학 이론이 있어?'가 아니라 '심리학 전공한 네가 보기엔 어때?'였습니다. 저에게는 심리 기술이 아니라 심리학의 관점이 필요했습니다.

축제 기획과 마케팅을 거쳐 UX^{User Experience} 기획에 이르기까지 제가 심리학을 기획에 써먹는 방식을 소개하고 싶어 쓴 글이 이 책의 초고가 되었습니다. 심리학을 관점으로 쓰는 방식입니다. 심리학을 관점으로 탑재하면 법칙이나 이론을 암기할 필요가 없습니다. 기획자로서 저의 무기는 바로 이 심리학적 관점인 거죠.

재미있게도 한 사람이 품고 있는 무기는 그 사람의 정체성이 되기도 합니다. 마치 RPG 게임에서 대검을 들면 전사, 지팡이를 들면 마법사가 되는 것처럼요. 그런 의미에서 심리학은 제 정체성을 잃지 않게 해준 고마운 친구입니다.

저는 스스로를 '경험 기획자'라고 생각합니다. 산업디자인을 배워 본 적도 없는 제가 뜬금없이 UX라는 분야를 시작할수 있었던 것은 '기획은 결국 사람과 경험'이라는 접근 덕분이었습니다. 오프라인의 물리적 환경이든, 온라인의 디지털환경이든, 기획자는 대상이 되는 사람에게 어떤 경험을 전달할지 기획하고 실현하는 일을 합니다. 제가 해온 일들을 예로 들자면, 지역 시민을 대상으로 자연 속 문화예술 체험을만드는 축제 기획자, 소비자를 대상으로 제품을 홍보하는 마케터, 쾌적한 앱 서비스 이용 경험을 설계하는 UX 기획자가되겠네요.

이 책에서 저는 기획자가 써먹을 수 있는 심리학적인 관점을 세 가지로 나누었습니다. 기획의 대상이 되는 사람에 대한관점, 기획 의도를 전하는 경험에 대한 관점, 마지막으로 기획 자체를 보는 관점으로요. 본문에서 '사용자 경험'과 'UX'가 자주 등장하는데요. 문맥상 일상적인 경험을 설명할 때는'사용자 경험', 업계를 지칭할 때는 UX라고 표현했지만 엄격한 기준으로 나눈 것은 아닙니다. 그때그때 자연스럽다고 느껴지는 표현을 사용했어요.

이제 막 기획에 입문하려는 UX 기획자를 예상 독자로 상정했지만 정체성을 고민하는 기획자에게, 심리학에 관심이 있는 일반 독자에게도 도움이 되길 바랍니다.

책에서 소개하는 관점을 내 것으로 만들 수 있다면 심리학적으로 사고하는 기획자가 될 수 있으리라 생각합니다. 디자이너들은 디자인 씽킹Design Thinking이라고 멋지게 표현하던데, 우리도 기획자의 심리학적 씽킹Psychological Thinking 한 번 해보자고요.

차 례

3부. eXperience: 경험 분석을 위한 관점

4부. 기획자 시선으로 보는 구조적인 관점

1부

심리학에 대한
세 가지 오해

심리술과 심리학

심리학을 정의하는 것으로 이 책을 시작하겠습니다. 이야기할 대상을 명확하게 정의하고 시작하는 것은 연구자의 직업병입니다. 저는 기획자도 이런 습관이 필요하다고 생각합니다. 같은 말이라도 각자 다르게 생각할 수 있는 데다가 기획자는 디자이너, 개발자, 고객사, 소비자 등 다양한 사람과 소통하고 조율하는 역할이 크니까요.

또 심리학을 정의하면서 글을 시작하는 이유는 '심리술'과 '심리학'을 구분하기 위해서입니다. 국어사전에서는 심리술을 '사람의 마음 작용이나 의식 상태를 간파하는 방법이나 수단'이라고 설명합니다. 심리'술'이라는 이름에서도 유추할 수 있듯 행동을 끌어내는 기술 혹은 사람을 꿰뚫어 보고 원하는 대로 조종할 수 있다는 뉘앙스가 느껴집니다.

하지만 심리'학'은 사람의 마음과 행동을 연구하는 '학문'입니다. 학문으로서의 연구 방법과 연구 윤리를 따르며 탐구를 위한 체계를 갖추고 있습니다. 학문은 기술이 아니기에 실용적인 쓸모가 없습니다만 다양한 기술이 파생될 수는 있습니다. 즉 심리학 자체는 사람의 마음을 훔치는 스킬, 돈을 벌게 하는 치트 키와는 거리가 멉니다. 물리학의 핵융합 이론과 원자폭탄 제조 기술이 동일하지 않은 것처럼요. 핵융합 이론을 기반으로 무기를 생산할 수도 있지만 발전소를 만들어 전기를 생산할 수도 있습니다. 이처럼 어떻게 활용할지는 목적과 방향에 따라 달라질 수 있습니다. 심리학도 마찬가지입니다. 사람의 마음을 연구할 수도, 기술적으로 접근할 수도, 이 책에서처럼 기획을 위한 관점으로 사용할 수도 있습니다.

심리학이라는 말에 속지 마세요

여러분이 기대하는 심리학은 심리술에 가까운가요, 아니면 심리학에 가까운가요? 아마도 대부분 심리학보다는 심리술에 더 흥미가 있으리라 생각합니다. 심리술이라는 단어가 낯선 이유는 아마도 심리학과 심리술이 구별된다는 생각을 해본 적이 없거나 심리학 자체를 심리술이라고 오해하기 때문일 겁니다. 심리학을 심리술로 오해하면 나올 수 있는 대표적인 질문이 바로 "심리학 전공이면 내가 지금 무슨 생각하는지를 맞출 수 있어요?"입니다. 앞서 말했듯 심리학은 독심술이 아니기 때문에 누군가의 생각을 읽어내는 것은 당연히 불가능합니다. 단지 생각의 과정인 인지 체계나 특정한 상황에서 유발되기 쉬운 감정 등 상황과 조건에 따라 생길 수 있는 여러 사례를 연구할 뿐이지요.

그렇다면 심리술이든 심리학이든 혹은 심리학으로부터 파생된 그 무엇이든 구분하는 일이 필요할까요? 네, 저는 필요하다고 생각합니다. 왜냐하면 심리술을 심리학이라고 여기는 것은 물리학을 원자폭탄 만드는 법이라고 생각하는 것과 같으니까요. 일부 내용이 겹치거나 포함될 수는 있겠으나 엄연히 다른 접근으로 봐야 합니다. 우리의 생각은 언어로부터 자유로울 수 없죠. 그래서 심리술과 심리학, 이 두 가지 개념의 차이를 확실하게 짚어야 합니다.

심리술은 심리적인 트릭을 이용하여 상대의 행동을 원하는 대로 조종할 수 있다고 혹은 사람들이 무조건 따르는 법칙이 있다고 주장합니다. 그리고 그 근거로 심리학 이론을 소개합니다. 심리학은 억울합니다. 연구 결과는 하나의 해석이나 가능성에 불과하거든요. 심리학은 '반드시 그리된다'거나 '인간이라면 이럴 수밖에 없다'라고 단정적으로 주장하지 않습니다. '사람의 마음을 읽는 방법이 있다'도 마찬가지입니다. '무조건'이라거나 '테크닉'이라는 뉘앙스와는 거리가 멀죠.

온라인상에서 흔히 보는 '3초 안에 상대방을 설득할 수 있는 심리 테크닉' 혹은 '나도 모르는 새 설득 당하는 심리 트릭' 같은 심리술은 심리학이라고 보기 어렵습니다. 대신 심리학에서는 설득이라는 과정을 거치는 동안 인간의 마음에서 발생하는 변화에 대한 여러 가능성을 연구합니다. 예를 들어 사람이 설득당해 생각이 바뀔 때 뇌에서 일어나는 현상을 관찰하는 연구를 해볼 수 있겠네요. 현대의 인류는 전기로 신호를 주고받는 뇌의 작용을 측정할 수 있는 기술이 있습니다. 따라서 설득을 당할 때 뇌에서 생기는 변화를 측정할 수 있습니다.

그렇지만 설득의 과정을 이해할 수 있다고 한들, 그것이 어떠한 상황에서든 똑같이 적용된다고 보장할 수는 없습니다. 단지 '설득 과정에서 뇌는 ○○○ 변화를 거친다'라는 가설을 검증할 수 있을 뿐이죠. 심리학은 심리 테크닉과 심리 트릭이 아니라 인간이 '설득'을 어떻게 경험하는지를 다각도로 탐구하여 이를 이해하고 응용할 수 있는 근거 제공을 목표로 한다는 걸 알아두길 바랍니다.

심리학 이론 대신 심리학적 관점으로

만약 여러분이 심리술을 기대했다면 이 책의 접근 방식이 낯설게 느껴질 수 있습니다. 이 책은 심리학적 관점을 바탕으로 기획에 깊이를 더하는 데 중점을 둡니다. 심리학이 기획과 만났을 때 어떻게 활용될 수 있는지 이야기해 보고 여러분이 '심리학으로 기술을 부리는 기획자'가 아닌 '심리학적인 관점을 제대로 이해한 기획자'가 되도록 안내하는 것이 목표입니다. 따라서 목차 역시 이론 중심이 아닌 관점 중심으로 구성하였습니다. 이 책이 이론을 다루는 이론서가 아니라 활용 방식을 다루는 실용서가 되길 바라기 때문입니다.

이론 중심으로 구성된 책은 심리학을 가볍게 접할 수 있도록 단편적으로 설명합니다. 그래서 쉽게 적용해 볼 수 있다는 장점은 있지만, 현실의 복잡한 상황이나 환경에서는 응용하기가 어렵다는 단점이 있습니다. 심리학 이론은 특정 환경과 실험 상황에서 반복 검증된 경향성이기 때문입니다. 문제는 심리학 이론이 모든 상황과 환경에서 써먹을 수 있는 기술처럼 절대 진리인 것처럼 겁을 주거나 현혹하려는 사람들이 많다는 겁니다. 저는 그들이 심리학이라는 이름을 남용하는 것이 그리 달갑지 않습니다. 그런 접근이 심리학에 대한 오해를 낳는다고 생각하거든요. 심리학이 비과학적인 학문이라거나 남을 속이려는 사람들이나 써먹는다는 식으로요.

그중에서 가장 대표적인 세 가지 오해를 풀고 가려고 합니다. 이 세 가지 오해를 제대로 이해하면 더 이상 심리술사에게 현혹되어 비전문가의 강의나 콘텐츠를 소비하지 않게 될 겁니다. 첫 번째 오해부터 차근차근 설명하겠습니다.

심리학은 내면에 대한
깊은 성찰이다

심리학 하면 일반적으로 먼저 떠오르는 학자가 있죠? 무의
식의 영향을 강조한 지그문트 프로이트입니다. 정신분석 심
리치료의 대가로 알려졌지요. 그는 내담자(환자)의 무의식을
탐구하기 위해 내담자와 대화하면서 깊이 파고들었습니다.
내담자의 행동이나 말을 관찰하고 이에 대한 분석의 깊이를
더하면서요. 그래서일까요? 심리학 연구의 대부분이 내면에
대한 성찰과 고찰, 그리고 그것을 서술하는 방식으로 이루어
졌을 거라고 오해하는 경우가 많습니다.

프로이트가 진행한 연구 방식을 '질적연구'라고 부릅니다.
만일 질적연구 중심으로 심리학 연구가 이루어진다면 대부분
은 연구 대상이 되는 사람과 대화를 나누거나 행동을 관찰하
거나 그 사람이 쓴 글을 분석하거나 또는 관련된 문서를 재해

석하는 방식으로 이루어질 겁니다. 하지만 심리학은 인간의 내면에 대한 성찰만으로 이루어지지 않습니다. 성찰하는 방식은 하나의 연구 방법에 불과합니다. 심리학을 내면에 대한 고찰과 서술로만 여기는 것은 심리학이 비과학적일 것이라는 오해로 연결되기 쉽습니다.

데이터 기반의 심리학

심리학은 '양적연구'라는 연구 방법을 주로 사용합니다. 객관적인 데이터를 기반으로 하여 과학적인 방식으로 연구 대상을 탐구하고 검증하죠. 대부분의 심리학과가 인문학부가 아닌 사회과학부에 속하는 이유입니다. 학부 과정에서는 질적연구 방식을 거의 접할 기회가 없다고 봐도 무방할 정도로 양적연구가 주를 이루고 있습니다.

양적연구 방법을 익히기 위해 심리학과 1학년 필수 과목에는 과학적인 접근방법을 다루는 '연구방법론'과 함께 '통계'가 있습니다. 신입생들은 충격을 받습니다. 대부분이 과학, 통계와 친하지 않은 문과 출신이거든요. 하지만 심리학 연구에서 검증은 철저하게 '데이터와 통계'를 기반으로 이루어집니다. 즉 심리학을 공부하기로 한 이상 반드시 '통계'와 친해져야 하죠.

심리학은 데이터와 통계를 기반으로 이루어진다는 것은 무슨 뜻일까요? 예를 들어 설명해 보겠습니다. '선택의 역설'은 선택지가 많아질수록 의사결정이 어려워지는 현상을 말합니다. 이 현상을 설명할 때 미국의 심리학자 셰나 아이엔가와 마크 레퍼의 '잼 판매량 실험'을 많이 인용하는데요. 이들은 24가지 종류의 잼을 판매하는 부스와 6가지 종류의 잼을 판매하는 부스를 세우고 소비자들이 어떤 선택을 하는지 관찰을 했습니다. 사람들은 24가지 잼을 판매하는 부스에 많은 관심을 보였지만 결과적으로 6가지 잼을 판매한 부스의 구매율이 더 높았죠.

이후 미국의 심리학자 배리 슈워츠가 『선택의 역설The Para-dox of Choice: Why More Is Less』이라는 책에서 이 실험을 인용합니다. 선택지가 많을수록 소비자가 오히려 결정을 내리지 못하거나 선택을 미루는 '의사결정 마비' 현상을 설명하면서요. '잼 판매량 실험' 결과를 통해 우리가 흔히 듣는 심리 이론 중 하나를 정립한 것이지요.

의사결정 마비 현상은 UX 설계에서도 중요한 고려 사항입니다. 가령 너무 많은 선택 버튼을 한 화면에 배치하기보다 한 번에 한 가지씩 선택할 수 있도록 설계하는 것을 들 수 있습니다. 사용자가 지나치게 많은 선택지로 인해 피로감을 느

(개선 전 화면) 미국의 커뮤니티 레딧(Reddit): 선택지가 많아 복잡해 보인다.

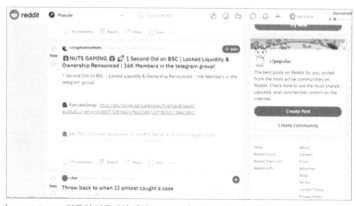

(개선 후 화면) 미국의 커뮤니티 레딧(Reddit): 단순하고 직관적인 화면으로 개선되었다.

끼면 앱이나 웹에서 이탈하기 쉬우니까요.

여기서 주목할 점은 "선택지 수가 적을수록 선택하기 쉽다."라는 심리학 명제가 어떤 종류의 선택을 어려워하는지, 어떤 상황에서 더 쉽게 선택을 내리는지 인간의 내면을 깊게 파고든 결과가 아닌 '판매량'이라는 데이터를 비교해서 도출한 결과라는 겁니다. 근거 데이터가 없다면 '선택의 역설'은 심리학이 아니라 단순한 주장이 됩니다.

이처럼 심리학 연구 가설을 검증하기 위해서는 주장을 뒷받침할 수 있을 만큼의 충분한 통계적 데이터가 필요합니다. 실제로 '잼 판매량 실험' 이후에도 검증을 위한 데이터 수집을 위해 유사한 설계로 다양한 후속 연구가 진행되었습니다.

메뉴 가짓수를 줄이면 될까

왜 '선택의 역설' 같은 현상이 발생할까요? 선택지가 많으면 고민을 더 해야 하니 힘들어서 또는 선택에 대한 만족도는 '전체 선택지 수로 나누어져서'라고 가정해 볼 수 있습니다. 1/6 만족과 1/24 만족 중 1/6 만족이 더 큰 만족이니까요.

앞서 '잼 판매량 실험'에서 6가지 잼을 파는 부스의 판매량이 높은 것을 '선택의 난이도가 낮아서'라고 했습니다. 하지만 판매량이 선택의 난이도에 따라 달라진 게 확실할까요?

이와 반대로 많은 선택지가 결정을 주저하는 것에 영향을 주지 않는다는 실험 결과도 있습니다. 예를 들어 독일의 심리학자 벤자민 샤이베혜네와 동료들이 2010년에 수행한 '메타분석◈ 연구'에서는 선택지가 많더라도 소비자의 결정을 어렵게 만들지 않는다는 결과가 나왔습니다. 조건을 달리한 50개 실험에서 얻은 총 5,036명의 참가자 데이터를 분석해 정리해 보니 선택지의 수가 소비자의 결정에 미치는 영향이 미미하다는 것입니다. 즉 선택지가 많아진다고 해도 과부하가 거의 일어나지 않는다는 결론을 내린 겁니다.

자, 다시 생각해 봅시다. '잼 판매량 실험'처럼 메뉴가 적은 것이 선택에 유리할까요? 아니면 샤이베혜네의 메타분석 연구처럼 선택지의 수는 선택 결정에 상관이 없을까요? 인기리에 방송했던 〈백종원의 골목식당〉에서 백종원 님은 '메뉴의 가짓수를 줄여라'라는 피드백을 자주 했습니다. '맛집은 메뉴가 적다'라는 말처럼 실제로 유명 맛집들은 주력으로 하는 음식 위주로 하기에 메뉴가 적은 경우가 많죠. 솔직히 우리가 정말 맛있는 무언가를 먹고 싶을 때는 메뉴가 수십 가지인 식당

◈   메타분석은 여러 연구의 데이터를 종합하여 결론을 도출하는 '연구를 대상으로 하는 연구'를 말합니다.

돈가스를 먹는다면 어느 집으로 가고 싶나요?

을 찾아가지 않잖아요.

하지만 카페라면 어떨까요? 아메리카노만 판매하는 카페는 선택하기 편해서 자주 가게 될까요? 음, 저는 그렇지 않을 것 같습니다. 그런 걸 보면 적은 선택지가 판매에 유리한 것 같기도, 아닌 것 같기도 하네요. 서로 정반대인 연구 결과들이 모두 유의미하다니 참 이상합니다. 여기서 생각해 볼 심리학에 대한 두 번째 오해가 있습니다.

심리 법칙은 거스를 수 없는
명백한 사실이다

심리학 법칙은 절대 진리가 아닙니다. 모든 법칙은 '잼 판매량 실험'과 같은 실험 검증에서 출발하고(이를 통해 '선택의 역설'을 설명한 것처럼) 그 실험은 조건과 상황을 달리하면 얼마든지 다른 결과가 나타날 수 있습니다. 심지어 동일한 조건과 상황에서도 결과가 다른 경우가 허다합니다.

심리학 전공자가 아닌 이상 '연구방법론'과 '통계'는 큰 의미가 없으니, 아마 여러분은 이론·법칙을 통해 심리학을 많이 접했을 겁니다. UX 영역에서도 심리학 이론·법칙에 관심이 많지요. 그러나 사용자 경험을 설계할 때 다양한 심리 법칙을 참고하면 도움은 될 수 있겠지만 그것이 항상 절대적이지 않다는 사실은 꼭 염두에 두어야 합니다. 법칙이라는 단어가 '반드시 지켜야 하는 규범'으로 느껴서 '심리학 법칙' 또

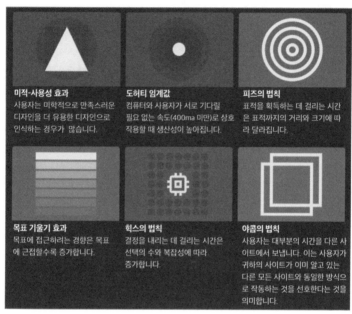

미적-사용성 효과
사용자는 미학적으로 만족스러운 디자인을 더 유용한 디자인으로 인식하는 경우가 많습니다.

도허티 임계값
컴퓨터와 사용자가 서로 기다릴 필요 없는 속도(400ma 미만)로 상호 작용할 때 생산성이 높아집니다.

피즈의 법칙
표적을 획득하는 데 걸리는 시간은 표적까지의 거리와 크기에 따라 달라집니다.

목표 기울기 효과
목표에 접근하려는 경향은 목표에 근접할수록 증가합니다.

힉스의 법칙
결정을 내리는 데 걸리는 시간은 선택의 수와 복잡성에 따라 증가합니다.

야콥의 법칙
사용자는 대부분의 시간을 다른 사이트에서 보냅니다. 이는 사용자가 귀하의 사이트가 이미 알고 있는 다른 모든 사이트와 동일한 방식으로 작동하는 것을 선호한다는 것을 의미합니다.

UX와 관련된 심리 법칙을 모아서 소개하는 홈페이지(lawsofux.com)

한 강력하고 절대적이라고 많이들 오해하는데 사실은 그렇지 않은 것이죠.

심리 법칙이 절대적이지 않다면 우리는 이론과 법칙을 어떻게 참고해서 얼마나 적용할 수 있을까요? 우선 자주 뒤섞여 등장하는 이론과 법칙, 두 단어의 개념과 구분부터 명확히 해보겠습니다.

이론은 설명을 담고 있다

먼저 '이론'입니다. 이론은 현상이 왜 일어나는지에 대한 설명입니다. 예를 들어 '인지부조화'란 어떤 대상에 대해 본인이 가진 태도(혹은 생각이나 믿음)와 행동 사이의 불일치에서 오는 심리적인 불편감을 말합니다. 인지부조화 이론은 우리가 흔히 겪는 '자기합리화'라는 현상을 잘 설명하죠. 만약 흡연이 몸에 좋지 않다는 것을 알면서도 그만둘 수 없다면 흡연에 대한 부정적인 생각과 흡연을 하는 행동 간에 불일치가 발생합니다. '아 담배 끊어야 하는데…'라고 생각하면서도 계속 담배를 피우는 자신을 제어하지 못하는 무력감, 건강을 스스로 해치고 있다는 죄책감, 중독자가 된 것 같은 불쾌감 등 불편한 감정이 올라오지요. 이것이 '인지부조화' 상태입니다.

인지부조화 이론에 따르면 인간은 이 불편한 감정을 가만히 두기 어렵습니다. 그런데 당장 금연을 행동으로 옮기는 건 어렵죠. 하지만 생각을 바꾸는 것은 쉽습니다. '전자담배는 좀 괜찮다던데…'라거나 '담배 오래 피운 사람도 건강하게 잘 살더라'라는 식으로 흡연에 대한 부정적인 태도를 누그러뜨립니다. 이것이 바로 '자기합리화' 현상입니다.

이처럼 인지부조화 이론을 통해 자기합리화라는 현상이 왜 발생하는지 설명할 수 있습니다. "사람은 태도와 행동이 불일치할 때 행동을 고치기는 어려우니 상대적으로 바꾸기 쉬운 생각(태도)을 수정한다." 이렇게요. 물론 인지부조화 상태에서 자기합리화만 일어나는 건 아닙니다. 행동을 수정하는 사람도 있지요. '담배는 몸에 해로워, 그런데 난 왜 계속 피우고 있지? 그만 끊어야겠다'라며 금연을 시작하는 사람들이 그렇습니다. 이 또한 인지부조화로 인한 불편감 때문에 유발된 행동이라고 볼 수 있습니다.

여기서 중요한 것은 '인지부조화 이론 때문에 자기합리화가 일어난다'가 아니라는 점입니다. 인지부조화 이론은 자기합리화라는 현상을 설명하기 위한 하나의 가설입니다. 정확히는 여러 심리학자에 의해 반복 검증된 가설이지요. 이를 거꾸로 생각해서는 안 됩니다. 인간의 마음과 행동을 설명하기 위해 이론을 제시한 것이지 심리학 이론에 따라 인간이 작동하는 것은 아니라는 겁니다.

이론을 정립하려면 앞의 '잼 판매량 실험'처럼 근거가 명확해야 합니다. 심리학에서는 이론을 설명할 때 보통 "×××(연구자)가 ○○○○년도에 했던 실험에 따르면"이라는 표현이 붙습니다. 배리 슈워츠의 책 『선택의 역설』에서 "셰나 아이엔가와 마크 레퍼의 2000년도 실험에 따르면…"이라는 문장과 함께 의사결정 마비 현상을 설명하는 식입니다. 이때 대표적인 혹은 최초로 검증한 실험이 언급됩니다. 단 한 번의 실험으로 하나의 이론이 완벽히 정립될 수는 없습니다. 실험과 검증을 많이 거칠수록 점점 더 견고한 이론으로 완성되어 가는 겁니다.

법칙은 패턴을 담고 있다

반면 '법칙'은 현상에 관한 기술(묘사)입니다. 특정 현상이 반복 관찰되어 발견됨을 의미합니다. 로버트 치알디니의 『설득의 심리학』에 등장하는 '상호성의 법칙', '일관성의 법칙' 등이 이에 해당합니다.

'상호성의 법칙'이란 무언가를 받으면 그에 보답해야 한다는 빚진 마음을 갖게 된다는 법칙입니다. 마케팅에서는 '호혜성'이라고 부르기도 합니다. 배달 음식을 시키면 가끔 치즈볼 세 개를 얹어준다거나 음료수 캔을 넣어주는 서비스가 따라오는 경우가 있습니다. 손 글씨로 "주문 감사합니다. 서비스에요~."라는 메모가 붙어있을 때도 있고요. 이는 리뷰 작성을 약속하고 제공받은 대가성 서비스와는 느낌이 다르지요. 감사한 마음으로 먹으면 그만이지만 왠지 빚진 기분이 듭니다. 호의에 보답하고 싶어지지요. 이런 현상을 기술하여 일반화한 것이 상호성의 법칙입니다.

'일관성의 법칙'은 선택에 대한 상태를 유지하려는 경향을 말합니다. 이를 '건강관리 서비스 기획'에 적용해 볼까요? 일관성의 법칙에 따르면 기획 목표 '건강한 습관 형성'을 처음부터 제시하기보다 점진적으로 접근하는 게 더 효과적입니다. 예를 들어 "아주 간단한 습관으로 건강을 챙기고 싶으신가요?"라고 먼저 물어보고 이 질문에 '네'라고 답한 사용자에게 "하루에 물 8잔 마시기 챌린지를 해보는 건 어떨까요?"라고 제안하는 겁니다. 그러면 처음부터 물 8잔 마시기 챌린지를 권유했을 때보다 긍정적으로 반응할 가능성이 높습니다. 사용자는 건강한 습관을 만들고 싶다는 태도를 일관되게 유지하고 싶기 때문입니다. '건강한 습관을 만들고 싶다. 하지만 챌린지는 하기 귀찮다'라는 태도를 취하는 것은 생각보다 쉽지 않습니다. 이런 경향성을 발견하고 기술하여 일반화한 것이 일관성의 법칙입니다.

법칙은 보통 'A 조건에서는 B가 된다'하는 형태로 이루어져 있습니다. 발견된 그 현상이 '왜' 발생하는지에 대한 설명은 없습니다. 따라서 법칙은 불변의 진리라기보다는 언제든지 반례가 나올 수 있는 '명제'로 보는 것이 맞습니다.

이론과 법칙의 관계

　이론이 '설명'이라면 법칙은 '패턴'이라고 할 수 있습니다. UX와 관련된 심리학 서적이나 콘텐츠에는 이론보다 법칙이 더 많이 등장합니다. 이론은 주로 현상에 대한 분석이나 그 현상이 일어나는 원리 등 내용이 광범위하고 깊지만, 법칙은 비교적 단순하고 명료하기 때문입니다. 이론이 학술적인 심리학에 가깝다면 법칙은 좀 더 일상이나 업무에서 바로 써먹기 좋은 형태를 하고 있지요.

　UX를 다룬 책에 자주 등장하는 '힉스의 법칙Hick's Law'을 예로 들어봅시다. 힉스의 법칙은 사용자의 의사결정은 선택지가 많고 복잡할수록 오래 걸린다는 내용입니다. 앞서 소개한 선택의 역설처럼 '선택지 수와 선택'에 대한 일관된 패턴을 발견하고 '선택지가 많으면 의사결정 시간이 오래 걸린다'라는 현상을 기술해 법칙으로 정의했습니다.

　여기에는 '왜'가 없습니다. 왜 선택지가 많으면 결정하기까지 시간이 오래 걸릴까요? 그 원리를 설명하기 위해서는 '의사결정 이론'이 필요하고 그중에서도 '이중처리 이론Dual Process Theory'을 통해 설명을 시도할 수 있습니다.

　이중처리 이론은 의사결정에 두 가지 과정이 있다고 설명합니다. 하나는 '자동처리 과정'으로 무의식적이고 빠르게 일어납니다. 다른 하나는 '숙고처리 과정'으로 의식적이고 시간이 오래 걸립니다. 문제가 복잡하고 익숙하지 않을수록 자동처리 과정보다는 숙고처리 과정으로 의사결정이 일어나게 됩니다. 선택지가 많아진다는 것은 문제가 복잡해지는 것으로 볼 수 있으며 그렇게 되면 숙고처리 과정을 거치게 되어 시간이 길어질 수 있는 거죠(물론 매우 많은 의사결정에 대한 이론 중 한 가지 가능성에 불과합니다).

정리하자면 이론은 현상이 발생한 구조에 대한 설명이고, 법칙은 반복되는 패턴의 정의입니다. 일반적으로 심리학에서는 이론을 더 중점적으로 다룹니다. '왜 인간은 이렇게 작동할까?'가 주 관심사이기 때문이지요. 그래서 이론 검증 방식과 검증의 오류 가능성 검토 등이 주요 내용이 됩니다.

법칙을 중심으로 한 접근은 심리학보다는 심리술이 될 확률이 높습니다. 'A 현상이 있다'라는 법칙을 '인간은 A로 작동한다'라고 단정적으로 받아들일 위험이 있지요. 하지만 자연과학 법칙과 달리 사회과학 법칙은 가변적입니다. 변수가 많고 통제가 어렵기 때문입니다. '마음이 무엇의 영향을 받아 행동하는지'는 '물이 무엇의 영향을 받아서 끓기 시작하는지'보다 입증이 어렵죠.

그렇다면 심리 법칙은 어떻게 활용해야 하는 걸까요? 심리 법칙이 가변적이라면 심리학이 무슨 도움이 될 수 있다는 걸까요? 법칙의 변덕에도 불구하고 심리학적으로 문제를 해결할 수는 있는 걸까요? 심리학으로 문제를 해결하려는 시도는 심리학에 대한 세 번째 오해로 이어집니다.

심리학은 문제를 해결하는 열쇠다

제가 생각하는 기획자는 '상상을 실현하는 사람'입니다. 기획자는 상상을 계획하고 실현하는 과정에서 사람의 마음과 관련한 여러 가지 문제를 만나게 됩니다. 상상했던 앱을 만들었는데 사용자 만족도가 떨어진다거나, 기능을 이해하기 어려워 이용이 불편하다거나, 만족도는 높으나 바이럴이 발생하지 않거나 하는 식으로요. 이러한 문제를 해결하기 위해 사람들의 마음을 알고자 심리학적 접근을 시도하다 보면 자연스럽게 심리 법칙에 주목하게 됩니다.

하지만 심리학은 문제 해결의 열쇠가 아니라 문제를 정의하기 위한 실마리에 가깝습니다. 예를 들어볼까요?

한국 사람들은 느린 것을 참지 못합니다. 설령 안전을 위해서라고 해도 마찬가지지요. 엘리베이터가 너무 빠르게 움직이면 탑승한 사람이 균형을 잃거나 다칠 수 있고 멀미를 하는 사람도 생길 수 있습니다. 급발진과 급제동에 따른 에너지 소모도 클 것입니다. 여러모로 엘리베이터는 지나치지 않은 수준에서 천천히 이동하는 것이 안전합니다. 하지만 이 '지나치지 않은 수준'에 대한 생각이 제각각이라서 문제입니다. '이거보다는 빨라도 될 것 같은데?'라고 생각하는 사람은 엘리베이터가 느리다며 민원을 넣을 수도 있는 거죠.

엘리베이터가 느리다는 것은 기계의 문제입니다. 속도를 높이기 위해서는 부드럽게 제동을 걸 수 있어야 하고, 부드러운 제동을 위해서는 엘리베이터의 무게가 가벼워야 합니다. 그러려면, 즉 엘레베이터가 가벼우면서도 안전해지려면 탑승 인원을 제한해야 할지도 모릅니다. 그런데 이를 만약 실행하면 결과적으로는 1인당 평균 대기시간이 늘어날 수 있습니다. 어째 해결책이 점점 복잡해지네요.

그렇다면 심리학적 관점에서 이 문제를 새롭게 정의해 보면 어떨까요? '엘리베이터가 느리다'라는 현상의 문제를 '대기시간이 지루하다'라는 심리적 문제로 해석하는 거죠. 이렇게 심리학적 관점에서 문제를 새롭게 해석하면 엘리베이터가 이동하는 동안 멍하니 있는 대기시간에 무언가 할 수 있는 일을 주면 되겠다는 아이디어가 떠오를 수 있습니다. 엘리베이터 내부에 거울을 설치하면 어떨까요? 거울을 보며 매무새를 다듬다 보면 어느새 목표 층수에 도착해 있을 테니 이동시간이 동일해도 이용객이 느끼는 지루함은 덜할 것입니다. 엘리베이터 벽면을 투명 소재로 하면요? 이동하는 동안 변화하는 바깥 풍경을 구경할 수 있으니 같은 원리가 적용됩니다.

이처럼 문제 해결 과정에는 심리 법칙이 필요하지 않습니다. 나중에 거울 덕분에 이동시간이 짧게 느껴지는 것을 '○○○ 효과'라고 정의할 수는 있겠지만, 그 효과를 알아야만 문제를 해결할 수 있는 것은 아니라는 뜻입니다.

'엘리베이터가 느리다'라는 작동 상의 문제 인식

→ '대기시간이 지루하다'라는 심리적인 문제로 새롭게 바라보기
→ '물리적인 이동시간이 동일해도 체감 시간을 줄일 수 있다'라는 가설 세우기
→ 이용객의 주의를 돌릴 방법 고려
→ 거울이나 유리 벽을 활용하여 가설 검증

제가 생각하는 심리학적인 문제 해결은 이렇게 이루어집니다. 심리학의 역할은 문제 해결이 아니라 문제를 바라보는 관점을 제시하는 것입니다.

심리학 악용 사례, 다크패턴

심리학을 문제 해결의 열쇠로만 생각한다면 '다크패턴' 같은 사례가 발생할 수 있습니다. 다크패턴이란 사용자에게 특정 행동을 유도하기 위해 교묘하게 설계된 UI/UX를 말합니다. 다크패턴이라는 단어 자체는 생소할 수 있지만 한 번씩은 경험했을 겁니다.

오른쪽 그림은 사용자에게 회원 가입을 권유하는 팝업창입니다. 가만히 보면 '가입하고 혜택받기'는 큰 버튼으로 되어 있지만 '가입 안 하고 비싸게 구매하기'는 상대적으로 눈에 잘 들어오지 않는

회원 가입만 해도
5만원 할인 혜택!

지금 신규 회원 가입을 하시면
5만원 상당의 쿠폰을 드려요.

가입하고 혜택 받기

가입 안 하고 비싸게 구매하기

| 다크패턴의 전형적인 예시 (출처: 고구마팜) |

무채색의 작은 글씨로 되어 있습니다. 심지어 이는 '가입하기/가입하지 않기'라는 선택보다 '혜택받기/혜택 없이 비싸게 구매하기'라는 선택지처럼 느껴지기도 합니다. 가입을 유도하기 위해 교묘하게 디자인된 것이지요.

사용자는 무의식중에 혜택을 받기 위해 가입하기 버튼을 누르거나 가입하지 않기 버튼을 발견하지 못하거나, 발견하

더라도 '비싸게 구매하기'라는 표현 때문에 손해를 보는 기분이 들어 선택하지 않을 확률이 높습니다.

다크패턴에는 여러 유형이 있습니다. 위 사례처럼 '구매' 버튼을 '취소' 버튼보다 크게 만들어 클릭하기 쉽게 만드는 것도 있고, 실수로 누르기 좋은 위치에 광고를 배치하여 클릭을 유도하는 것, '회원 가입' 버튼은 찾기 쉬운 위치에 두지만 '회원 탈퇴' 버튼은 숨어있어 한참 찾아야 하고, 결제 마지막 단계에서 예상치 못한 비용을 추가하는 것도 다크패턴의 유형이지요.

소비자의 이용을 편하게 하여 자연스러운 흐름을 유도하는 UX 설계와 달리 다크패턴은 사용자의 심리를 교묘하게 이용하여 목적을 달성하는 것에 초점이 맞추어져 있습니다. 위의 '비싸게 구매하기'는 '손실 회피 편향'◈을 자극하여 불편한 감정을 유발하도록 설계되었습니다. 그래서 '가입하지 않기'라는 행동의 선택지에 굳이 '비싸게 구매한다'라는 손해를 보는 듯한 표현을 덧붙인 것입니다. 다크패턴에 속아 예정에 없던 구매를 하거나 회원 가입하는 등 행동을 유도당한 소비

◈　인간은 같은 양의 이익과 손실이 있을 때, 손실을 더 크게 느낍니다. 추석 보너스 10만 원을 받았을 때의 기쁨보다 10만 원이 들어있는 보너스 봉투를 잃어버렸을 때 느껴지는 괴로움이 훨씬 크다는 뜻입니다. 얻은 금액과 잃어버린 금액은 10만 원으로 똑같지만요.

자는 기분이 좋지 않겠지요. 속았다고 느낄 거예요. 그런 면에서 다크패턴은 좋은 전략이라 할 수 없습니다. 신뢰를 무너뜨리니까요.

실제 다크패턴 중 일부 유형을 법령으로 정하여 금지하는 법안도 발의되었습니다.◈ 다크패턴은 매출을 높이는 치트 키가 아니라 '사람을 속이는 좋지 못한 방식'이라는 사회적 합의가 형성된 것이죠.

다크패턴은 심리학으로 답을 얻으려 한 시도의 실패 사례입니다. 심리학은 답을 알려주기보다 문제를 내는 역할에 어울립니다. 엘리베이터 사례처럼 심리학을 문제 정의를 위한 관점으로 사용한다면 법칙, 이론 등을 외울 필요가 없습니다. 특정 이론을 알고 외우는 것보다 심리학적인 접근방법이나 뉘앙스를 아는 것이 더 중요합니다.

◈ 2024년 1월 25일, 총비용이 아닌 일부 금액만 고지, 선택 내용 변경을 팝업창으로 반복 요구 등 5가지 다크패턴 유형을 금지하는 「전자상거래 등에서의 소비자보호법 개정안」(전자상거래법)이 국회 본회의를 통과했습니다.

심리학을 관점으로 써먹는
세 가지 접근 방법

지금까지 심리학에 관한 세 가지 오해를 알아봤습니다. 이제 이 세 가지 오해와 연결되는 심리학적인 관점을 소개할 텐데요. '심리학은 내면에 대한 깊은 성찰이다'라는 첫 번째 오해는 '사용자들'을 분석하는 거시적인 관점으로, '심리학은 거스를 수 없는 명백한 사실이다'라는 두 번째 오해는 개별 '사람'을 관찰하는, 즉 경험을 분석하는 미시적인 관점으로, '심리학은 문제를 해결하는 열쇠다'라는 세 번째 오해는 데이터를 분석하여 심리학처럼 문제를 정의하고 검증하는 구조적인 관점으로 살펴보겠습니다.

거시적인 관점: 사용자 분석을 위한 관점

심리학은 내면에 대한 성찰이 아니라 데이터를 기반으로 한 양적연구입니다. 앞서 말했듯 통계와 연관이 깊습니다. '잼 판매량 실험'을 설명하면서 잼 판매량을 통해 선택지 개수에 따른 선택의 어려움을 비교했는데요. 사실 잼 판매량은 판매자의 언변과 잼 판매 부스 주변의 환경에 의해서도 달라질 수 있습니다. 이런 영향을 고려해서 선택의 어려움을 더 정확하게 확인할 수 있는 요소로 구매자가 판매대 앞에서 얼마 동안 머물렀는지를 기록하는 것은 어떨까요? '선택'이라는 추상적인 개념을 '판매대 앞에 머문 시간'이라는 객관적이고 구체적인 데이터로 정의하면 그 데이터가 선택의 어려움을 반영한다는 심리적인 통찰을 끌어낼 수 있겠지요.

기획자가 주목해야 하는 부분이 바로 이 지점입니다. 기획자는 데이터에서 인사이트를 얻습니다. 광고 효과를 데이터로 검증하는 '퍼포먼스 마케팅'을 하든 고객의 데이터를 테스트하며 효과적인 방법을 찾아가는 '그로스 해킹'을 하든 마찬가지입니다. 요즘처럼 데이터가 넘치는 시대에는 데이터의 양보다 확보된 데이터의 의미를 해석하는 것이 더 중요하죠. 이를 이 책의 2부에서 본격적으로 이야기할 텐데요. 심리학이 데이터를 다루는 방식을 통해 거시적인 관점으로 심리학을 활용하며 '사용자들'을 분석할 수 있으면 좋겠습니다.

미시적인 관점: 경험 분석을 위한 관점

심리 법칙은 가변적입니다. 즉 인간이 심리 법칙에 따라 움직이는 것이 아니라 인간이 작동하는 방식을 심리 법칙으로 제시했을 뿐입니다. '심리학은 거스를 수 없는 명백한 사실이다'라는 두 번째 오해와 관련해서는 이 책의 3부에서 심리학의 미시적인 관점, 즉 '사람들'이 아니라 개별 '사람'이 어떻게 작동하는지에 대해 살펴보며 이야기해 보겠습니다.

다만 심리학 이론이나 법칙을 소개하고 "그러하므로 이렇게 하세요."라는 형식은 지양할 것입니다. 대신 심리학이 바라보는 선택, 지각, 기억 등 '경험'의 요소에 대한 이론을 개괄적으로 설명하겠습니다. 이를 사용자 경험, 즉 UX와 연결하여 심리학적 사고로 이끄는 것이 목표입니다.

구조적인 관점: 심리학처럼 문제를 바라보기

마지막으로, 심리학은 문제를 해결하는 용도보다는 문제를 정의하는 역할에 적합합니다. 심리학이 문제를 정의하고 검증하는 구조적인 관점에 대해서는 4부에서 살펴볼 것입니다. 2부가 '통계'와 관련이 깊었다면, 4부의 구조적인 관점은 '연구방법론'과 관련이 깊습니다. '연구방법론'에서는 문제를 발견하고 검증할 대상을 결정하고 그것을 검증하기 위한 연구를 설계하는 방법을 다룹니다. 기획자가 서비스를 설계하는 과정에 적용하기 좋습니다.

비유적으로 표현하자면 저는 심리학이 느낌표보다는 '물음표'에 가깝다고 생각합니다. 문제를 해결하는 것보다 문제를 찾아내고 파헤쳐 구조를 정의하고 설계하는 역할에 가깝거든요. 사실 심리학이라는 학문은 '어떤 답을 내는가?'만큼이나 '어떤 질문을 던지는가?'도 중요합니다.

사용자들에 대한 분석은 사용자 분석과 다르다

기획자가 심리학을 써먹는다고 할 때 가장 먼저 할 일은 사용자들의 심리 분석입니다. 만약 심리학이 인간 내면에 대한 성찰이라면(첫 번째 오해) 떠오르는 분석 방법은 사용자 한 명한 명과의 심층 인터뷰일 겁니다. 한 명의 사용자를 깊게 분석하기 위해선 심층 인터뷰만한 것이 없죠. 하지만 기획자는 여러 사용자를 대상으로 하므로 한 사람 한 사람 분석하는 것과는 다르게 접근해야 합니다. 심층 인터뷰가 아닌 여러 사람의 경향이 나타난 데이터를 통해 인사이트를 도출해야 하는 거죠. 잼 판매량 데이터가 선택의 어려움을 반영하는지, 잼에 대한 수요를 반영하는지 해석해야 하는 것처럼 브랜드 웹사이트 체류 시간의 의미를 명확히 해석해야 사용자 경험을 제대로 개선할 수 있습니다.

그렇다면 사용자들을 분석할 때 객관적인 수치 데이터를 어떻게 사용자들의 심리와 연결할 수 있을까요? 실제로 심리학에서는 마음이라는 추상적인 개념을 실질적인 데이터로 바꿉니다. 심리학이 데이터로 사람들을 연구하는 방식에서 여러분은 사용자 분석에 대한 힌트를 얻을 겁니다.

자, 그럼 UX 중 'U'에 해당하는 사용자 분석을 위한 관점부터 시작해 보겠습니다.

2부

User: 사용자
분석을 위한 관점

심리학으로 세상 나누기

심리학의 연구 대상은 '성별'에서 '문화에 따른 차이'로 그리고 '개인 간의 차이'로 세분화되어 왔습니다. 현대의 심리학은 한 개인이 각기 다른 상황에서 보이는 차이에 대해서도 연구합니다. 이처럼 시대 흐름에 따라 연구 대상은 세분화되었지만 공통점이 있습니다. 심리학은 대상(혹은 상황) 간의 '차이'를 연구한다는 것입니다.

심리학은 차이를 연구한다

차이는 서로 다른 집단 혹은 개체 사이에서 나타납니다. 그리고 A와 B의 차이를 연구하기 위해서는 무엇이 A이고 무엇이 B인지 정의부터 해야 합니다. 고양이와 강아지의 차이를 연구하려면 고양이가 무엇이고 강아지가 무엇인지부터 알아야 한다는 뜻입니다.

다만 고양이와 강아지는 생물학적으로 구분이 되지만 추상적인 대상을 다루는 심리학은 다릅니다. 불안과 걱정은 무엇이 다를까요? 인간의 성격은 어떻게 나눌까요? 연쇄살인범과 경제사범의 범행 동기는 어떤 차이가 있을까요?

기획자라면 한 번쯤 만족도 조사를 해본 적이 있을 겁니다. 제품 기획자라면 상품에 대한 만족도, 앱 기획자라면 앱 사용에 대한 만족도, 행사 기획자라면 행사에 대한 만족도를 조사합니다. 그래야 다음 결과물을 개선할 수 있으니까요. 이를 심리학처럼 접근하려면 한 대상을 깊게 파고드는 것이 아니라 대상 간의 차이를 통해 분석하는 것이 적절합니다.

즉 한 명의 사람을 대상으로 얼마나 만족했는지, 왜 만족했는지, 특히 좋았던 부분과 만족감이 얼마나 지속되었는지를 분석하기보다 만족한 사람과 만족하지 못한 사람과의 차이를 비교하는 것이지요. 그리고 이 차이를 비교하기 위해 반드시 이루어져야 하는 사전작업이 있습니다.

유형을 분류해야 차이가 보인다

심리학은 세상을 다양한 방식으로 나눕니다. 영범이와 유정이의 차이를 연구하기 위해서는 이 둘을 구분할 성별, 나이, 성격 등 기준을 세워야 합니다. 성격이 기준이라면 성격 유형 간 차이를 연구해 볼 수 있습니다. 성격 유형하니까 바로 MBTI가 떠오르네요. 물론 사람의 성격은 고양이와 강아지처럼 명백히 가리기가 어렵습니다. 겹치거나 나누기 애매한 부분이 많지요. 예를 들어 어떤 사람은 외향적이지만 계획적일 수 있고, 또 어떤 사람은 내향적이지만 즉흥적일 수 있습니다. 그래서 MBTI는 인간의 성격을 16가지 유형으로 분류하여 한 사람 안에 존재하는 다양한 성격 요소를 설명합니다. 이렇게 유형으로 분류하면 성격 간의 차이와 유사성을 좀 더 세밀하게 이해할 수 있습니다.

심리학은 '유형 분류'를 즐깁니다. 유형을 분류해야 유형 간 차이를 연구할 수 있기 때문입니다. 성격만 나눌까요? 연쇄살인범과 경제사범의 경우 범행 동기도 나눕니다. 연쇄살인범 안에서도 범행 특성에 따라 범죄 유형을 나눕니다. 이것을 체계적으로 정리하면 프로파일링이 됩니다.

예전에는 연구자가 임의로 유형을 나누어 각 유형 간 차이를 검증하는 방법으로 분류했습니다. 하지만 요즘은 몇 가지 유형으로 나눌 것인지, 어떤 유사한 특성이어야 한 집단으로 볼 수 있는지 통계적인 검증 방법을 사용합니다. 인간의 주관적인 판단보다 객관적인 통계를 기준으로 유형을 나누는 것이지요.

그렇다면 기획자는 효과적인 사용자 분석을 위해서 무엇부터 해야 할까요? 네, 맞습니다. 먼저 사용자들의 유형을 나누어야 합니다. 예를 들어 A라는 서비스의 인지도 조사를 진행한다고 해봅시다. 서비스를 이용한 사람 중에는 한 번만 이용한 사람도 있고 여러 번 이용한 사람도 있을 것입니다. 이용한 적 없는 사람 중에는 서비스를 알고는 있지만 이용한 적 없는 사람과 서비스 존재도 몰랐던 사람이 있을 것입니다. 이처럼 전체 집단을 필요에 따라 다양한 유형으로 나누는 것이죠.

이러한 유형 분류 없이 모집한 사람 모두를 똑같이 조사한다면 기껏해야 인지도가 올랐는지 내렸는지 비교하는 정도의 분석밖에 할 수 없습니다. 그마저도 사전 데이터가 없다면 '10점 만점의 7점으로 대체로 높은 인지도였음' 정도의 건조한 분석이 되겠지요.

당신은 어떤 유형에 속하나요?

유형을 분류하는 작업 뒤에는 필연적으로 '범주화'가 뒤따릅니다. 처음부터 범주화를 위해 유형을 만들었기 때문입니다. '범주화'란 특정한 사례의 구성원인지를 결정하는 것입니다. 당신이 MBTI 유형 중에서 ENFP 유형에 속하는 것을 알아야 분류가 유의미해지죠. 이를 범주화라고 합니다. 즉 전체 유형을 만들었으면 각 유형에 속하는 것을 알아야 한다는 것입니다. 영범이와 유정이를 통해 ENFP와 ENFJ의 차이를 연구하고 싶다면, 영범이는 ENFP로 범주화되고 유정이는 ENFJ로 범주화된다는 사실을 알아야만 합니다.

유형을 나누고 대상을 각 유형으로 범주화했다면, 비로소 차이를 비교하는 연구가 가능해집니다. ENFP인 영범이와 ENFJ인 유정이의 가장 눈에 띄는 차이는 영범이는 인식형(P), 유정이는 판단형(J)라는 것입니다. 그럼 영범이와 유정이의 차이는 P와 J의 차이라고도 볼 수 있겠네요.

여행 중 계획과 다른 돌발상황을 만나면 영범이는 '이것도 추억이지'라며 즐거워합니다. 그러나 유정이는 엄청난 스트레스를 느낍니다. 따라서 같은 상황이더라도 둘의 경험은 차이가 생길 수 있습니다. 이것이 심리학적 접근법입니다.

사용자들을 심리학적으로 분석하려면 유형 분류와 범주

화가 필요하다는 점을 살펴봤는데요. 이제 이를 응용해 봅시다. 이번에 새로 출시된 음식 배달 앱 '잇츠배달'의 기획자로서 사용자 리뷰를 수집한다고 가정해 볼까요? 모든 사용자에게 동일한 조사를 하면 전체적인 평점 외에는 얻을 수 있는 정보가 한정적이겠지요. 그래서 사용자를 '기존 배달 앱 사용이 일정 횟수 이상 많은 사람(먹고수 그룹)'과 '배달 앱을 처음 또는 일정 횟수 이하로 사용한 사람(먹초보 그룹)'으로 나누어 분석하기로 했습니다. 과연 깊이 있는 인사이트를 도출할 수 있을까요?

수집된 사용자 리뷰를 살펴보니, 먹고수 그룹의 앱 서비스 사용 만족도가 먹초보 그룹보다 높았습니다. 그렇다면 '잇츠배달'이 다른 경쟁 앱에 비해 장점이 있지만, 초보 사용자들에게는 그 가치가 충분히 전달되지 않는다고 해석할 수 있겠네요. 이 경우 앱의 첫 실행 시 가이드를 개선하거나 초보자를 위한 사용법 안내를 더 상세하게 만들 수 있습니다.

반대로 먹고수 그룹과 먹초보 그룹 간의 앱 서비스 사용 만족도에 차이가 없다면요? 다른 배달 앱 사용 경험 여부가 '잇츠배달' 만족도에 큰 영향을 미치지 않는다고 해석할 수 있습니다. 만족도 점수가 전반적으로 높다면 다양한 수준의 사용자에게 골고루 만족을 주고 있을 가능성이 큽니다.

그러나 먹고수 그룹의 만족도가 먹초보 그룹보다 낮다면

'잇츠배달'이 기존의 다른 배달 앱들과 비교했을 때 사용성이 떨어진다는 의미가 될 수 있습니다. 이 경우 주문 과정을 더 간소화하거나 독특한 할인 혜택을 제공하는 등 차별화 전략을 생각해 볼 필요가 있습니다.

이처럼 사용자를 유형별로 나누어 얻은 분석은 사용자 경험 개선, 마케팅 전략 수립, 앱 고도화에 필요한 기준이 됩니다. 또한 이러한 심리학적인 사용자 분석을 통해 사용자의 니즈와 경험을 더 깊게 이해할 수 있습니다.

유형 분류와 범주화는 왜 필요할까?

명확히 나누어지지 않는 것들을 왜 굳이 나누고, 비슷한 것끼리 묶고, 이름을 붙이려는 걸까요? 유형 분류와 범주화는 대상을 빠르게 이해하고 판단하게 도와준다는 아주 기가 막힌 이점이 있습니다.

산에서 네 발 달린 털 뭉치를 만났습니다. 노란 바탕에 검은색 줄무늬가 그려져 있는 걸 보니 아주 멋스럽네요. 송곳니가 뾰족하고 수염이 양옆으로 길게 뻗어있습니다. 아, 이제 보니 고양잇과의 '호랑이'라는 녀석이네요. 여기까지 생각했다면 여러분의 목숨은 이미 없는 것이나 마찬가지입니다. 호랑이를 보는 순간 냅다 달아나야 살 수 있죠. 하지만 그렇게 빨리 판단하려면 호랑이를 위험 동물로 범주화하여 인식해두고 있어야 합니다.

현대사회에 호랑이가 어슬렁거릴 일은 없습니다만 우리는 호랑이보다 고차원적이고 위험한 존재를 매일 마주하며 살고 있습니다. 호랑이 따위는 우습게 멸종시키는 최상위 포식자, 인간입니다. 저기 술병을 들고 비틀거리는 사람은 위험합니다. 피해야죠. 출근했는데 팀장님의 기분이 좋아 보이지 않습니다. 매출이 떨어졌다는 보고는 오후에 드려야겠네요. 팀 프로젝트의 팀원 한 명이 조별 과제에 대한 답장도 없이 회의에 나타나지 않습니다. 그 사람에게는 긴급하고 중요한 역할을 맡기면 위험하겠죠? 알게 모르게 우리는 유형 분류와 범주화가 주는 생존의 이점을 누리고 있는 것입니다.

게다가 유형 분류는 시간과 에너지를 아끼는 데도 유용합니다. "저는 사람들을 만나 웃고 떠들면 에너지가 충족되고 나무보다는 숲을 보는 경향이 강하며 논리보다는 감정에 호소하는 것이 더 잘 통하는, 다소 즉흥적인 편입니다."라는 긴 설명을 "ENFP에요."라는 짧은 문장으로 대신할 수 있는 것처럼요.

T라고 해서 공감할 줄 모르는 게 아닌데요?

세상일이 다 그렇듯 유형 분류와 범주화 역시 장점만 있지는 않습니다. 가장 큰 단점이라면 오해를 불러일으킬 수 있다는 것입니다. 왜냐하면 당신이 생각하는 ENFP와 제가 생각하는 ENFP가 똑같을 수 없기 때문입니다.

영범이가 생각하는 립밤 색의 범주는 분홍색, 빨간색, 주황색 정도입니다. 그러나 유정이는 분홍색만 해도 서너 가지 색을 떠올릴 수 있습니다. 이 상황에서 유정이와 영범이가 '무슨 색 립밤을 사면 좋을지' 고민하는 대화가 가능할까요? 각자가 생각하는 기준이나 범주의 깊이가 다른데요.

또한 지나친 범주화는 각 개인의 고유한 특성을 간과할 위험이 있습니다. 월터 아이작슨의 전기 『스티브 잡스』에서 묘사된 애플 창업자 스티브 잡스의 행동 패턴 중 일부는 사이코패스 특성과 유사합니다. 타인에 대한 공감 능력 부족, 극단적인 자기중심성, 감정 조절의 어려움 등이 언급되지요.

한편 2006년에 검거된 연쇄살인범 정남규는 전형적인 사이코패스의 특징을 보였습니다. 스티브 잡스는 정남규와 달리 사이코패스라고 분류할 만한 객관적인 검사 결과는 없지만, 표면적으로 볼 때 두 사람 모두 사이코패스라는 범주에 속하는 특성을 보입니다.

그러나 이들의 삶의 궤적과 사회적 영향은 극명하게 다릅니다. 잡스는 혁신적인 기술 기업을 이끌며 세상을 변화시켰고, 정남규는 무고한 생명을 앗아가는 중범죄를 저질렀습니다. 만일 스티브 잡스와 정남규를 묶어서 '사이코패스 성향을 가진 사람'이라고 범주화한다면 스티브 잡스는 억울하겠죠? 이처럼 과도한 범주화는 개인의 복잡한 특성과 행동의 다양성을 지나치게 단순화할 위험이 있습니다.

예시가 너무 무서웠나요? 해성이도 영범이와 같은 ENFP라고 합니다. 해성이와 영범이의 성격은 똑같다고 간주해도 괜찮을까요? 같은 ENFP라고 해도 정도와 상황과 환경에 따라 다양한 모습으로 나타날 수 있습니다. 범주화의 수준이 적절하지 못하면 각자의 개성을 뭉개버릴 위험이 있는 거죠.

따라서 유형을 분류할 때는 상황에 맞는 적절한 수준과 객관성을 고려해야 합니다. 여기저기서 지겹도록 사용되고 있는 'MZ세대'라는 유형 분류가 있습니다. 1980년대~1990년대 중반에 태어난 밀레니얼(M)세대와 1990년대 중반~2010년대 초반에 태어난 Z세대를 하나의 세대로 범주화한 것입니다. 그 이전 세대는 모두 기성세대로 묶여버렸습니다.

그러자 어떻게 되었나요? 잘못 설정된 범주화의 여파로 세대 간의 세세한 차이는 가려지고 기성세대와 MZ세대가 마치 대립하는 듯한 양립 구도가 생겨버렸습니다. 실제로 그 안에는 다양한 세대와 개인의 특성이 혼재되어 있는데 말이죠.

세상을 나누는 심리학적 관점

◈

저는 MBTI 검사를 하면 E와 I가 거의 중간에 걸쳐 있습니다. 그래서 모임에 따라 완전한 E가 되어 모임을 주도하기도 하고, 대문자 I가 되어 상대방이 먼저 말을 걸기 전에는 입을 떼지 않기도 합니다. 저만 그런 것은 아닐 겁니다. 같은 유형이라도 정도에 따라 속성은 매우 다를 수 있습니다. 게다가 변하기도 하고 사이에 걸쳐 있기도 합니다.

유형을 분류하고 범주화하는 기준은 사람마다 다르게 정의할 수 있습니다. 성격을 예로 들면 외향형/내향형, 감정형/논리형, 계획형/즉흥형 등으로 나눌 수 있죠. 그뿐일까요? 시대별, 상황별로 나눌 수도 있습니다. 이렇게 유형과 범주화는 경계가 없는 것을 임의로 구분하고 분류한 것이기에 옳고 그름의 문제가 될 수 없고, 정답도 오답도 없습니다. 다만 그럴듯한 기준과 덜 그럴듯한 기준, 적절한 기준과 부적절한 기준만이 존재할 뿐입니다. 다시 말하지만 유형을 분류하고 범주화하는 것은 이해를 돕기 위한 도구일 뿐 절대적인 기준은 아닙니다.

그러나 우리는 종종 어떤 기준을 절대적이라고 믿는 실수를 저지릅니다. 그 결과는 때로 참담하게 나타나죠. 예를 들어 나치의 홀로코스트는 유대인을 열등한 인종으로 분류하여 대량 학살로 이어진 극단적인 사례입니다. 인도의 카스트 제도는 사람들을 태생에 따라 계층화하여 오랜 기간 차별과 불평등을 고착했습니다. 미국의 「짐 크로 법」은 인종을 분류하여 흑인 차별을 제도화했습니다. 이런 사례들은 특정 기준에 따라 사람의 유형을 나누고 그 기준을 절대시하면 심각한 사회적 갈등과 비극을 초래할 수 있음을 보여줍니다.

MBTI가 친숙해서 예시로 사용했지만 MBTI 외에도 우리가 알고 있는 혈액형, 별자리 등 대부분의 유형 분류는 인간이 임의로 정한 구분입니다. 1년/1달/1일/1시간/1분이라는 시간도 임의로 정한 기준이죠. 하루의 기준은 지구의 자전주기를 따른다고 해도 24시간이라는 단위는 사람의 편의에 의한 약속이니까요. 사이코패스 진단 기준 역시 인간이 정한 기준일 뿐 사이코패스라고 해서 모두 범죄를 저지르는 것은 아니며 모든 범죄자가 사이코패스인 것도 아닙니다. 절대적인 예언(사이코패스는 무조건 범죄를 저지른다!)이 될 수는 없습니다. 한 개인의 기준으로 선/악을 분류한 것이 아니라 객관적인 검증을 거듭하여 세운 기준이라는 점에서는 사이코패스 유형 설명은 신뢰할 만하지만 인간이 임의로 정했다는 사실은 변하지 않습니다.

대상을 빠르게 이해하는 것과 바르게 이해하는 것은 다릅니다. 이것이 유형 분류와 범주화를 통해 배울 수 있는 심리학적 사고입니다. 사용자를 분석하고 싶다면 우선 사용자를 나눌 기준을 고민해 보세요. 어떤 유형 간의 차이를 분석해야 우리가 원하는 결과를 얻을 수 있을까요?

앞의 예시에서는 '유사한 배달 앱 사용 경험'을 기준으로 사용자를 나누어 우리가 런칭한 '잇츠배달' 서비스를 다른 배달 앱과 비교하여 분석했습니다. 그렇다면 이 외에 또 어떤 사용자들의 심리를 분석할 수 있을까요?

사용자는 어떻게 나누어야 할까?

가장 쉽게 사용자를 분류하는 방식은 인구통계학적인 기준을 사용하는 것입니다. 인구통계학적 기준은 인구 집단의 특성을 나타내는 통계적 정보로 나이, 성별, 거주지, 직업, 교육 수준, 소득 등을 말합니다. 이미 범주화나 수치화가 되어 있어서 접근하기가 쉽지요. 하지만 인구통계학적 기준은 원인보다 결과일 때가 많습니다. '20대는 SNS 사용량이 많다'라는 결론은 '주변 시선에 민감하고 친구들과의 관계를 중요시하는 사람일수록 SNS 사용량이 많은데, 그런 특징이 주로 20대에 나타나더라'라는 해석이 누락된 것일 수도 있거든요. 그래서 사용자를 분류할 때는 객관적인 지표는 잠시 미뤄두고 수치화되지 않는 개인의 특징을 반영한 기준을 세우는 것이 먼저입니다.

예를 들어 앞선 '잇츠배달' 만족도 조사에서 '배달 앱 사용 경험 여부'로 사용자를 분류했는데요. '익숙함'이라는 기준은 직관적으로 수치화하기가 어려우니 배달 앱의 사용 여부로 익숙한 사람과 익숙하지 않은 사람을 분류하여 객관적인 기준으로 사용했습니다. 이런 방식은 우리가 분류하고자 하는 집단 간의 차이를 명확히 반영하기 때문에 더 좋은 분류가 될 수 있습니다. 인구통계적인 접근만 한다면 '30대가 20대보다 배달 앱을 많이 사용하기 때문에 30대가 20대보다 배달 앱에 익숙한 고객군이다. 그러니 30대와 20대를 비교하자'와 같이 유사성이 낮은 사람들을 한 집단으로 묶어 버릴 위험성이 커집니다.

사용자 유형을 분류하기 위한 기준을 세울 때 제일 먼저 고민해 봐야 할 것은 '왜 분류하는가?'입니다. '왜(목적)'를 염두에 두고 무엇을 위한 분류인지, 그것을 잘 구분하게 만드는 수치화되지 않는 특징은 무엇인지 먼저 찾아보세요. 그 뒤에 객관적인 지표를 세워도 괜찮습니다.

셀 수 없는 것도 세어라

심리학적 분석은 곧 차이를 알아보겠다는 것과 같습니다. 차이를 알기 위해서는 서로 다른 대상이 필요하고요. 그래서 사용자라는 대상을 어떤 기준으로 나눌 것인지 그리고 각각의 사용자를 어떤 유형으로 범주화할 것인지에 따라 다양한 결과를 얻을 수 있다는 것을 지금까지 살펴보았습니다.

사용자 분석을 위해 앞서 만족도 조사를 예로 들었지만 사용자들의 심리는 만족뿐만 아니라 불만이나 불편, 호기심, 친밀감도 있습니다. 이 감정은 모두 추상적인 개념인데요. 과학적인 학문인 심리학은 이런 추상적인 감정을 데이터로 바꾸는 작업이 필요합니다.

하늘만큼 땅만큼 vs 초콜릿 세 개만큼

어렸을 때 세상에는 어려운 문제가 참 많았습니다. 그중에서도 특히 어려운 문제는 "엄마가 좋아, 아빠가 좋아?"였지요. 당연히 엄마도 좋고 아빠도 좋았습니다. 하지만 질문의 의도는 누가 '더' 좋은지 묻는 것이므로 대답을 하려면 '엄마'와 '아빠'가 누구인지, '좋아한다'는 것은 무엇인지 알아야 합니다. 물론 셋 다 알아도 쉽게 대답이 나오지 않지요. 좋아한다는 것은 추상적인 감정이기 때문입니다. 눈에 보이거나 손에 잡히지 않으니 누구를 더 좋아하는지 비교하는 것이 어렵게 느껴질 수밖에 없죠.

A와 B를 구분하여 비교하기 위해서는 그 차이를 헤아릴 수 있어야 합니다. 즉 숫자로 셀 수 있어야 객관적인 비교가 가능합니다. "엄마가 좋아, 아빠가 좋아?"라고 질문을 받은 아이가 "엄마는 하늘만큼 좋고 아빠는 땅만큼 좋아."라고 한다면 본인에게는 정확한 표현일지 몰라도 다른 사람들은 알아듣기 어렵습니다. 이러면 어떨까요? 아이에게 초콜릿 10개를 주고 엄마와 아빠에게 각각 몇 개씩 줄 수 있냐고 물어보는 겁니다. 엄마에게는 초콜릿 세 개, 아빠에게는 초콜릿 네 개를 주겠다고 대답한다면 엄마는 초콜릿 세 개만큼, 아빠는 초콜릿 네 개만큼 좋아한다고 할 수 있겠죠. '하늘만큼 땅만

큼'보다 명확해지지 않았나요? 이는 눈에 보이는 숫자로 나타냈기 때문입니다.

숫자로 나타나는 데이터를 '정량적 데이터'라고 합니다. 숫자로 나타내기 어려운 데이터를 '정성적 데이터'라고 하고요. 정량적인 데이터를 다루는 연구는 '양적연구', 정성적인 데이터를 다루는 연구는 '질적연구'입니다. 초콜릿 몇 개만큼은 양적연구, 하늘만큼 땅만큼은 질적연구에 해당하는 것이죠.

반복해서 말하지만, 심리학에서는 과학적 검증이 용이한 양적연구를 선호합니다. 앞서 엄마에게 초콜릿을 세 개를 준다던 아이가 삼촌에게는 초콜릿 두 개를 줄 수 있다고 합니다. 그럼 아이는 아빠를 삼촌보다 두 배 더 좋아하고, 엄마보다는 초콜릿 한 개만큼 덜 좋아한다는 비교가 가능합니다. 하늘과 땅을 빌려온 아이는 삼촌이 바다만큼 좋다고 합니다. 이 대답으론 아이가 가장 좋아하는 가족이 누구인지, 얼마만큼 더 좋아하는 것인지 객관적으로 검증이 불가능하지요.

셀 수 있어야 한다

현대 심리학은 독일의 심리학자이자 철학자인 빌헬름 분트의 '실험 심리학'◈을 기반으로 합니다. 과학적인 검증 방법으로 양적연구를 하죠. 그래서 "막상 심리학과에 가니 프로이트는 깊게 공부하지 않더라."라는 이야기가 나오기도 합니다. 프로이트의 연구는 질적연구를 취하고 있으니까요.

실험을 위해서는 셀 수 있어야 합니다. 그런데 여기서 문제가 발생합니다. 심리학의 연구 대상 대부분이 추상적이고 정성적인 데이터이기 때문입니다. 감정은 셀 수 있는 대상이 아닙니다. 우리는 초콜릿 세 개만큼 우울하다고 표현하지 않습니다. 스트레스 역시 초콜릿처럼 '15개 한 박스씩 총 여섯 박스'와 같은 방식으로 셀 수 없습니다.

추상적인 개념을 어떻게 수량화해서 연구할 수 있을까요? 아이가 엄마와 아빠를 좋아하는 정도를 양보할 수 있는 초콜릿 개수로 나타낸 것을 떠올려 봅시다. 이것을 '조작적 정의'라고 합니다. '조작할 수 있는 데이터로 정의한다'라는 뜻입니다. 우리는 조작적 정의를 통해 추상적인 개념을 수량으로 정의할 수 있습니다. 이것이 모든 심리 연구의 출발점입니다.

이해를 돕기 위해 다른 예시를 하나 더 들어보겠습니다. 현

◈ 19세기 후반에 빌헬름 분트(Wilhelm Wundt, 1832~1920)가 창시한 심리학의 한 분야로 인간의 의식과 행동을 객관적으로 측정하고 분석하기 위해 과학적 실험 방법을 도입했습니다. 분트는 1879년 독일 라이프치히에 세계 최초의 심리학 실험실을 설립해 심리학을 철학과 분리된 독립적인 과학 분야로 확립했죠. 이를 통해 현대 심리학의 기초를 마련하고 심리학 연구에서 실험과 관찰의 중요성이 강조되었습니다.

대인이라면 누구나 우울감을 경험합니다. 여러분도 그렇고 저도 그렇습니다. 우울은 추상적인 개념이기 때문에 누가 더 우울한지를 객관적으로 비교하기 어렵습니다. 하지만 비교하기 위해서는 수치로 나타내야겠죠? 스스로 생각하기에 얼마나 우울한지를 1~10의 숫자로 표현해 봅시다. 여러분은 3점을 말했고 저는 6점을 말했습니다. 이제 비교가 가능해졌습니다. 제 우울감은 여러분보다 두 배 정도 크네요.

그런데 정말 제가 여러분보다 우울한 걸까요? 어딘가 석연치 않습니다. 이것은 우울함이 가진 특징 중 '주관적 불편감', 즉 주관적으로 느끼는 점수만을 나타낸 것이기 때문입니다.

우울감은 주관적 불편감만으로 이루어지진 않습니다. 부정적인 생각(인지적), 가라앉은 기분(정서적), 무기력함(동기적), 무겁게 느껴지는 몸(신체적) 등이 총체적으로 우울감을 구성하지요. 따라서 우울감을 빈틈없이 조작적 정의하기 위해서는 이러한 인지적, 정서적, 동기적, 신체적 같은 하위 범주를 모두 포함해야 합니다. 그렇게 만들어진 것이 '벡 우울 척도 BDI, Beck Depression Inventory'입니다. 이 척도는 미국의 심리학자 아론 벡이 개발한 것으로 우울증의 정도를 자가 진단할 수 있습니다.

이렇듯 심리학은 셀 수 없는 것을 수량적으로 정의합니다. 이 정의에는 무엇을 세는 도구라는 뜻으로 '척도'라는 이름을 붙입니다. 물론 완벽한 척도는 있을 수 없습니다. 그 때문에 더 나은 척도 개발을 위해 끊임없이 연구를 거듭합니다. 우리가 처음 떠올렸던 '자기 보고식 우울 척도'에서 '벡 우울 척도'까지의 발전이 가능할 수 있도록 말이죠.

심리학에서 우울을 정의하는 방식으로 기획의 영역에서 사용자의 감정을 정의할 수 있습니다. 지금까지 예를 들었던 만족도 조사는 '사용자가 주관적인 의견을 전달한 수치'입니다. 하지만 만족감은 주관적인 느낌을 표현한 수치만으로 이루어지지 않죠. 우울감과 마찬가지로 사용자의 만족감도 조작적 정의를 해볼 수 있습니다.

예를 들어 '잇츠배달' 앱에 방문한 후 다시 방문하기까지 걸린 시간이라면 어떨까요? 서비스에 만족했다면 재방문까지의 시간이 짧을 것이고, 만족감이 덜 했다면 재방문까지의 시간이 더 길 수 있습니다. 반복해서 방문해야 하는 성격의 서비스가 아니라면 주변 지인 몇 명에게 우리 서비스(상품, 브랜드 등)를 추천하는지를 기준으로 삼아 볼 수 있습니다.

정답은 없습니다. 기획자마다 제공하는 서비스, 상품, 경험에 따라 만족도라는 추상적인 감정을 각각 다르게 수량화할 수 있을 겁니다. 다음과 같이 정리해 볼 수 있겠네요.

영역	심리학	기획
정의하고자 하는 대상	우울감	만족감
하위 범주 (측정 지표)	주관적 불편감 부정적인 생각 가라앉은 기분 무기력함 무겁게 느껴지는 신체 수면 문제 기타 …	심미적 완성도 기능적인 실용성 사용 편의성 재방문 의사와 사용 빈도 주변인 추천 의향 정보 보안에 대한 안심 기타 …
척도로 선택한 하위 범주	부정적인 생각	주변인 추천 의향
척도 하위 범주의 조작적 정의	'죽고 싶다'는 생각이 떠오르는 횟수	주변에 추천한 사람의 수
측정을 위한 질문 예시	'죽고 싶다'라는 생각을 일주일에 몇 번 하십니까?	우리 앱을 몇 명에게 추천해 보셨나요?

우리는 이미 세고 있었다

조작적 정의는 생각보다 우리에게 익숙한 개념입니다. 이미 우리는 주변의 많은 것을 수치로 정의하면서 살아가고 있죠. 보험사는 보험금 지급을 위해 보험금 청구인(가입자)의 손해를 금전적으로 환산하는 일을 합니다. 민사재판에서도 금전적인 피해뿐만 아니라 정신적인 피해 등을 배상하기 위해 피해를 단위(금액)로 수량화하여 정의합니다. 경제지표는 어떨까요? 한 예로 '빅맥지수'라는 수치가 있습니다. 나라별 구매력을 비교하기 위해 맥도널드에서 판매하는 빅맥의 가격을 달러로 환산한 수치입니다. 기업에서 성장 지표를 설정하는 방식도 마찬가지입니다. 기업의 성장 지표는 매출액, 월간 활성 사용자 수^{MAU}, 서비스 가입자 수 등으로 조작적 정의할 수 있습니다.

조작적 정의를 하려면 객관적인 지표를 사용하는 것이 좋습니다. 똑같이 수치로 나타낼 수 있다고 해도 '체감 물가지수'보다 '빅맥지수'와 같은 객관적인 지표가 안정적으로 수치화하기 유리합니다. 하지만 기획자의 실무환경에서 주로 조작적 정의해야 하는 요소는 만족감, 편리함, 매력도와 같은 추상적인 요소입니다. 결국 기획자가 검토하려는 요소를 기획자 자신이 직접 정의해야 합니다.

예를 들어 '잇츠배달' 앱의 사용자 데이터를 기반으로 부족한 부분을 개선하려고 합니다. 이때 주로 살펴보는 지표는 클릭률, 구매 전환율, 체류 시간 등의 데이터일 겁니다. 하지만 주의해야 할 점이 있습니다. 같은 기준도 다른 해석이 가능하다는 것입니다. 체류 시간의 경우 메뉴 추천 화면에서 체류 시간이 길다면 많은 매장을 둘러본 것이므로 긍정적 해석이 가능하지만, 결제 화면에서 체류 시간이 길다면 결제 과정이 복잡하고 어렵다는 것을 의미할 확률이 큽니다. 즉 맥락에 따라 체류 시간이라는 척도가 다르게 해석이 가능한 겁니다.

세상을 세는 심리학적 관점

조작적 정의와 수량화는 객관적인 비교가 가능하여 모두가 동의할 수 있는 기준점을 잡아주고 소통의 오류를 줄여줍니다. 그러나 앞서 유형 분류가 그랬듯 절대적인 진리는 아닙니다. 도구가 필요 이상의 역할을 하기 시작하면 본말이 전도될 위험이 있습니다.

제가 호소한 우울 점수가 6점, 여러분은 3점이라고 해서 제 우울감이 더 심하다고 볼 수 없는 것처럼 우울을 어떻게 정의하느냐에 따라 우울의 어떤 요소를 수량화하느냐에 따라 달라질 수 있습니다. 개인의 우울함에 대한 면역력에 따라서도 달라질 수 있죠. 이러한 맥락을 무시한 채 "나는 6점이니까 내가 더 심각하다."라고 주장하는 것은 폭력적인 주장이 될 수 있습니다. 그래서 조작적 정의, 수량적 사고를 할 때는 '타당도validity'와 '신뢰도reliability'라는 두 가지 평가 기준을 반드시 고려해야 합니다.

'타당도'는 측정 도구나 실험이 목적하는 개념을 얼마나 정확하게 측정하는지 측정의 정확성을 나타내며, 연구 결과의 일반화 가능성을 높이는 데 중요한 역할을 합니다.

우울을 조작적 정의하여 수치로 나타냈다면, 그 수치가 우울감을 정확히 나타내는지 철저히 검증해야 합니다. 여러분이 말한 '3점만큼 우울하다'라는 수치는 주관적으로 느끼는 우울감은 반영하고 있지만 우울의 다른 측면들(정서적, 신체적 등)은 반영하고 있지는 못합니다.

그렇다면 이번에는 주관적 느낌 대신 '식사량'을 기준으로 로 해볼까요? 우울해서 밥을 먹지 않았다면 우울감이 식사량에 영향을 미쳤을 가능성을 완전히 배제할 수 없으니까요. 하지만 식사량 자체가 우울감을 측정하는 데 얼마나 정확한 지표인지는 확신할 수 없습니다. 즉 타당도가 낮습니다. 그러면 키(신장)를 비교하는 건요? 작은 키로 인해 우울할 수는 있겠지만 관련성이 매우 낮습니다. 역시 타당도가 확보되지 않네요. 사실 엄마가 좋은지 아빠가 좋은지를 양보할 수 있는 초콜릿의 개수로 나타낸 것 또한 아이가 초콜릿을 싫어한다면 애정의 척도로 초콜릿을 사용하는 것은 타당도가 떨어지는 일입니다.

다음으로 '신뢰도'란 측정 도구나 실험이 일관성 있게 결과를 산출하는 정도를 나타냅니다. 동일한 조건에서 반복 측정했을 때 얼마나 비슷하게 결과가 나오는지를 평가하는 척도죠. 높은 신뢰도는 측정이 안정적이고 예측 가능하다는 것을 의미하며 이는 연구 결과의 재현성과 정확성을 보장합니다. 엄마와 아빠에 대한 선호도는 엄마가 물어볼 때와 아빠가 물어볼 때 다르게 나타날 수 있습니다. 삼촌이 물어볼 때도 다를 수 있죠. 신뢰도가 떨어집니다.

조작적 정의가 강력한 도구가 되려면 타당도와 신뢰도를 반드시 확보해야 합니다. 타당도와 신뢰도를 확보할 수 있다면 우리는 그 어떤 추상적인 개념도 수치로 나타낼 수 있기 때문입니다. 그러면 소통은 더 명확하고 객관적으로 이루어질 수 있습니다. 이것이 심리학적 사고에서 우리가 배울 수 있는 것들입니다.

사용자 분석을 설계할 때 타당도와 신뢰도를 고려해 보세요. 만족도 조사만 하더라도 행사가 끝난 직후 종이로 된 설문지를 나눠줄 때와 집으로 돌아간 뒤 문자로 링크를 발송해서 받은 설문은 그 결과가 다를 수 있습니다. 시간이 지나면 행사 현장에서의 감동이 희석될 수도 있고, 집으로 돌아오는 길에 여러 의견을 들으며 아쉬운 점이 생각날 수도 있으니까요. 신뢰도가 떨어집니다. 또 만일 만족도를 '추천한 지인의 수'로 조작적 정의했다고 가정한다면, 타당도가 떨어질 수 있습니다. 지인에게 이것저것 추천하기를 좋아하는 사람과 그렇지 않은 사람의 성격 차이가 반영된 데이터일 수 있으니까요. 결국 타당도와 신뢰도를 종합적으로 고려해야 제대로 된 조작적 정의를 할 수 있습니다.

조작적 정의를 위한 질문들

기획과 관련된 책이나 강의에서는 항상 'why'를 정의하는 것이 핵심이라고 합니다. 여러분이 'UX 개선 프로젝트'를 진행하는 기획자라면 'UX 개선 프로젝트'의 목표는 말 그대로 '사용자 경험 개선'일 겁니다. 그런데 사용자 경험을 '왜' 개선해야 할까요? 매출을 올리기 위해? 브랜딩을 강화하기 위해?

목표를 '매출을 올리기 위해서'로 잡았다고 가정해 봅시다. 사용자 경험을 개선하는 것으로 매출이 오를 수 있을까요? 사용자 경험과 매출은 직접적인 관련이 없을 수 있습니다. 직접적인 관련이 없다면 타당도가 떨어지는 것입니다. 지난번 프로젝트 이후 매출이 13% 상승했다고 합니다. 이번 프로젝트를 해도 동일한 결과가 발생할까요? 확신할 수 없다면 신뢰도가 떨어지는 것입니다. 타당도가 낮은 상태에서는 신뢰도 역시 높을 수 없습니다.

UX 기획자 입장에서 타당도를 확보하겠다며 "매출을 높이기 위해 UX 개선이 아니라 마케팅에 집중하겠습니다."라고 할 수는 없는 노릇입니다. 우리가 할 수 있는 최선은 UX 개선이니까요. 대신 UX 개선이 성공적으로 이루어진다면 고객의 사용 편의성이 올라가고 브랜드에 대한 호감이 늘어날 수 있다고 말해야 합니다. 그게 좀 더 타당도가 높은 접근이니까요.

그렇다면 프로젝트의 제대로 된 방향은 매출 증대가 아닌 브랜딩 강화가 되겠네요. 전보다 달성 가능성이 높은 목표를 제대로 세울 수 있을 것입니다. 이것이 핵심을 찌르는 why(이 프로젝트가 필요한 이유)입니다. 타당도와 신뢰도에 대한 고민을 제안서에 담으면 그 제안서는 핵심을 찌르는 제안서가 될 수 있습니다.

타당도 확보를 위한 질문 이게 정말 그거 때문인 거 맞아?

☑ A가 B에 직접적인 영향을 줄 수 있는가?

☑ B에 영향을 미치는 요소는 A가 유일한가?

☑ (아니라면) A 이외에 B에 영향을 주는 요소는 어떤 것들이 있는가?

☑ A가 B에 미치는 영향에 간섭할 수 있는 C가 있는가?

신뢰도 확보를 위한 질문 다시 해도 비슷한 결과를 얻을 수 있는 거야?

☑ A 행동을 반복했을 때 반드시 B라는 결과가 보장되는가?

☑ A가 아니어도 같은 결과를 얻을 수 있는 다른 방법이 있는가?

☑ A를 반복하기 어려운 이유가 있다면 무엇인가?

☑ 다른 사람이 A를 해도 동일한 결과가 나오는가?

☑ 시일이 지난 후 다시 A를 해도 현재와 동일한 결과가 나오는가?

위의 타당도와 신뢰도를 통해 프로젝트의 방향성을 점검했다면 이 번에는 앞서 언급한 'UX 개선 프로젝트'의 기대효과를 다듬어 볼까요?

프로젝트 내용은 '사용자 경험 개선'입니다. 이것은 무엇으로 알 수 있을까요? 우선 사용자 경험이라는 말이 다소 추상적이므로 앞서 배운대로 추상적 개념을 셀 수 있도록 구체화해야겠습니다. 사용자 경험은 앱의 사용성, 편의성, 직관성, 재미 등으로 생각해볼 수 있습니다. 무엇으로 정의하는지에 따라 우리가 개선해야 할 대상이 달라지고, 그에 따라 기대할 수 있는 결과 역시 달라질 겁니다.

일반적으로는 UX 개선의 목적이 사용성, 편의성, 직관성의 향상이므로 우리는 조금 특이하게 '재미'로 정의해 볼까요? 재미를 어떻게 측정할 수 있을까요? 앱이 재미있으면 사람들이 자주 접속하겠죠. 하지만 앱 사용 빈도에 영향을 미칠 수 있는 변수가 너무 많습니다(생활 습관, 사용 환경 등). 공유 횟수는 어떨까요? 생각해 보니 저는 재미가 있으면 웃기지 않냐며 친구에게 공유하기도 합니다. 그렇다면 '앱을 사용한 후 지인에게 공유하거나 커뮤니티에 언급하는 횟수'로 재미를 측정해 볼 수 있을 겁니다. 이제 '사용자 경험 개선'을 '더 재미있게'로 정의하고 재미를 측정하는 척도로 '공유 횟수'를 사용하기로 하죠.

조작적 정의를 위한 질문 그걸 뭘로 알 수 있는데?
- ☑ A 요소와 관련된 행동은 무엇이 있는가?
- ☑ A 요소를 느낄 때 사람들은 주로 어떤 행동이나 반응을 보이는가?
- ☑ 행동과 반응을 수치로 나타낼 수 있는 방법이 있는가?

재미는 '바이럴 콘텐츠(앱 화면 캡처 및 언급, 해시태그 등) 횟수'로 조작적 정의를 해볼 수 있습니다. 이제 우리 프로젝트의 기대효과는 '바이럴 콘텐츠 확산'이 됩니다. 인터넷에 올라온 바이럴 콘텐츠의 수가 많을수록 우리 프로젝트는 성공이라고 평가할 수 있겠죠. (물론 설명을 위한 예시일 뿐입니다. 실제로 UX 프로젝트의 목표가 바이럴 콘텐츠 확산이 되기는 어렵겠죠?)

조작적 정의는 프로젝트가 성공인지 실패인지 평가할 수 있는 객관적인 기준을 만들어 주기 때문에 명확한 성과지표가 되어줍니다. 만약 우리가 원하는 결과와 다르다면 성과지표가 잘못 선정된 것으로 판단할 수 있습니다. 그럴 땐 다시 사용자 경험 개선에 대한 조작적 정의를 새롭게 해보면서 원하는 결과를 측정할 수 있는 성과 지표를 찾아가야 합니다. 이런 과정들이 기획자의 사고를 예리하게 다듬고, 우리의 제안서를 뾰족하게 만들어 줄 것입니다.

차이나는 세상 비교하기

심리학에서 범주화를 통해 유형을 분류하고, 조작적 정의를 통해 수량을 헤아린 것은 연구 대상 간 차이를 연구하기 위해서였습니다. 이제 드디어 대상 간의 차이를 비교할 차례입니다.

배달 앱 '잇츠배달'의 만족도 조사에서 우리는 먹고수와 먹초보로 유형을 나누어 차이를 비교했습니다. 먹고수의 만족도가 먹초보보다 낮은 경우 우리는 다른 배달 앱에 비해 '잇츠배달' 앱이 사용하기 불편하다고 해석할 수 있었습니다. 반대로 먹고수의 만족도가 먹초보보다 높은 경우 초보자들이 앱 사용에 어려움을 느낄 것이라고 예상해 볼 수 있었지요.

문제는 두 유형의 만족도 차이가 크지 않을 때입니다. 이때는 '전반적으로 만족하고 있다'라는 단순한 결론이 나옵니다. 유형을 나누지 않았을 때 얻을 수 있는 결론과 크게 다르지 않으니 유형을 나눈 의미가 없어집니다.

어떻게 하면 유형 간의 차이를 더 선명하게 증명할 수 있을까요? 간단히 말하면 유형에 속한 사람 모두를 비교하면 됩니다. MBTI 유형 중 INTP와 INTJ가 다르다는 것을 증명하고 싶다면 전 세계의 INTP와 INTJ를 모아놓고 설문조사를 하면 되죠. 설문조사 결과가 다르면 그것은 곧 두 유형이 다르다는 것을 의미하니까요.

기획도 마찬가지입니다. '잇츠배달' 서비스를 이용하는 사람들의 만족도를 유형별로 아주 선명하게 조사하려면 앱 사용자 모두를 대상으로 설문을 진행하면 됩니다. 설문 결과를 통해 명백히 유형을 나눌 수 있고, 나눠진 유형별로 결괏값을 비교할 수 있습니다.

하지만 전 세계의 INTP와 INTJ를 어떻게 모을 수 있을까요? '잇츠배달' 사용자 모두를 대상으로 조사할 수 있다면 참 좋겠지만 현실적으로는 불가능합니다. 이럴 때 심리학은 어떤 방식으로 유형을 비교하는지, 이번 장은 심리학이 세상을 비교하는 법에 관한 이야기입니다.

누가 더 많이 사용할까?

이번에는 '잇츠배달'은 잠시 잊고 '대동여지도'라는 길 찾기 앱 서비스를 운영해 보자고요. 앱 사용자 경험을 개선해야 하는 기획자인 우리는 앞선 설명처럼 우선 비교할 유형을 선정해야 합니다. 인구통계적 요소인 나이, 성별, 지역에 따라 사용자 유형을 나눠볼 수 있겠네요. 조금 더 상세하게 나누고 싶다면 차량 사용자와 도보 이용자로도 나눠볼 수 있습니다.

우리의 '대동여지도'는 지역 기반 서비스를 제공하는 길 찾기 앱이므로 지역 인프라에 따라 서비스 의존도가 어떻게 달라지는지 살펴보면 좋겠습니다. 그렇다면 '수도권과 지방 사용자의 서비스 의존도 차이'를 비교해 보면 좋겠네요. 이 두 유형의 앱 의존도에 차이가 있다면 지역 인프라가 우리 서비스에 영향을 미친다는 결론을 도출할 수 있을 테니까요. 그렇다면 이동 거리나 맛집 밀도에 따라 앱의 사용 방식이 달라진다는 가설을 세워볼 수 있고요. 결과에 따라 서비스 지역 특성을 반영하여 앱 설계를 어떻게 하는 것이 좋을지 검토할 수도 있을 겁니다. 시작해 볼까요?

'대동여지도' 사용자 중 서울에 사는 20대 남성 해성이와 강릉에 사는 30대 여성 혜영이가 있습니다. 앞에서 배운 걸 복습해 보면 해성이는 '서울 거주, 20대, 남성'으로 범주화할 수 있고 혜영이는 '강릉 거주, 30대, 여성'으로 범주화할 수 있습니다. 서비스 의존도의 하위 요소로는 대체할 수 있는 앱의 여부, 일일 사용 빈도, 주관적으로 느끼는 일상에서의 앱 중요도, 앱을 유료화할 경우 지불용의가 있는 금액 등을 생각해 볼 수 있을 것입니다. 우선 '일일 사용 빈도'를 척도로 삼아 볼까요? 앱을 자주 사용할수록 의존도가 높다는 직관적인 해석이 가능할 테니까요.

해성이는 도착할 버스 시간을 확인하느라 하루 평균 3회 앱에 접속하고, 혜영이는 차에서 지도를 보면서 이동하느라 하루 평균 2회 앱에 접속합니다. 앱 접속 빈도를 비교하니 해성이의 의존도가 더 높네요. 그런데 뭔가 석연치 않습니다. 해성이는 굳이 버스 도착시간을 확인하지 않아도 버스를 탈 수 있지만 혜영이는 앱의 도움 없이 운전하기가 힘들 테니까요. 앱 사용 빈도로 의존도를 측정하기에는 타당도가 다소 떨어지네요.

그러면 체류 시간, 즉 '사용 시간'은 어떨까요? 해성이는 2~3분 내에 도착할 버스 시간을 확인하느라 하루 평균 5분, 혜영이는 운전하면서 하루 평균 20분을 사용한다면, 혜영이의 의존도가 더 높다고 보는 것이 타당합니다. 즉 앱 실행 횟수보다 사용 시간이 더 적절한 조작적 정의인 것 같습니다.

우리는 지금 길 찾기 앱 '대동여지도'의 서울(수도권) 사용자와 강릉(지방) 사용자의 앱 의존도 차이를 살펴보며 사용 지역이 앱 의존도에 미치는 영향을 보고자 조사를 설계하고 있습니다.

심리학 연구도 이러합니다. '청소년의 게임 중독이 우울함에 미치는 영향'에 대한 연구를 한다면 게임 중독 청소년과 비중독 청소년, 두 유형의 조사 대상자가 필요합니다. 게임 중독 청소년과 비중독 청소년의 우울 수준이 차이가 있다면, 게임 중독이 우울 수준에 영향을 미친다는 결론을 얻을 수 있습니다. 심리학 연구와 기획의 과정이 꽤 비슷하지 않나요?

	기획자	심리학자
목적	지역별 앱 서비스 사용성 개선	게임 중독 청소년의 우울증 치료법 개발
목표	지역 인프라에 따른 앱 의존도 비교	게임 중독 여부에 따른 우울 수준 비교
비교 유형	서울 사용자 vs 강릉 사용자	게임 중독 청소년 vs 게임 비중독 청소년
연구 주제	지역 인프라에 따라 의존도 차이가 날까?	게임 중독 여부가 우울증에 영향을 미칠까?

네가 우리 대표라고? 너 혹시, 뭐 돼?

◈

이제 길 찾기 앱 '대동여지도'에 대한 사용자의 지역별 의존도 분석을 위해 앱 사용 시간의 차이를 보려고 합니다. 하지만 대한민국 수도권과 지방의 모든 사용자를 대상으로 조사하는 것은 천문학적인 비용과 무한정한 기간이 필요하기에 현실적으로 불가능합니다. 그래서 우리는 앱 사용자 중 서울 사람 해성이와 강릉 사람 혜영이를 대표로 삼아 두 집단을 비교하고자 합니다.

해성이와 혜영이, 두 개인의 차이를 비교하는 것은 우리에게 큰 의미가 없지만 그 차이가 서울 시민과 강릉 시민의 차이라면, 좀 더 확대해서 수도권 거주자와 지방 거주자의 차이라면, 혹은 20대와 30대의 연령 차이라면, 남성과 여성의 성별 차이라면, 두 개인의 차이일 때보다 훨씬 우리 삶과 밀접한 연관이 생깁니다. 우리가 해성이와 혜영이는 아니지만 수도권 또는 지방 거주자는 될 수 있고, 20대나 30대일 수도 있고, 남성 또는 여성일 수도 있으니까요.

다만 여기서는 해성이는 서울 사람으로, 혜영이는 강릉 사람으로 범주화했기 때문에 둘 사이의 차이 연구는 수도권 거주자와 지방 거주자의 차이로 일반화할 수 있습니다. 더 정확히 표현해서 일반화의 가능성이 있습니다.

그런데 해성이와 혜영이의 앱 사용 시간 비교로 서울 사용자 전체(이하 서울유저)와 강릉 사용자 전체(이하 강릉유저)의 앱 의존도를 비교하려니 마음에 걸리는 부분이 있습니다. 이 둘의 차이가 서울유저와 강릉유저의 차이를 반영하는 걸까요? 개인차는 아닐까요? 과연 이 둘을 서울유저와 강릉유저의 대표로 선정해도 되는 걸까요?

서울 사람 해성이는 강릉 사람 혜영이보다 앱 사용 시간이 짧았지만, 서울유저 중에는 혜영이보다 앱 사용 시간이 긴 사람이 있을 수 있습니다. 강릉유저 중에 해성이보다 사용 시간이 짧은 사람도 있을 거고요. 전국에서 무작위로 선택한 사용자의 앱 사용 시간이 20분보다 길다고 해서 무조건 강릉유저일 것이라고 단정 지을 수는 없는 노릇입니다.

해성이와 혜영이를 통해 서울유저와 강릉유저를 비교하기 위해서는 이 둘을 대표로 선정해도 되는지에 대한 고민이 필요합니다. 그들이 각 지역 사용자 집단의 특징을 충분히 반영해야 연구를 일반화할 수 있기 때문입니다.

그렇다면 이건 어떤가요? '대동여지도' 사용자들을 조금 더 부르는 겁니다. 서울 사는 해성이의 이웃인 진성과 유성, 강릉 사는 혜영이의 이웃, 혜림과 혜정. 서울유저와 강릉유저를 대표하는 사람이 해성이와 혜영이 한 명씩일 때보다 해성/진성/유성, 혜영/혜림/혜정 각각 세 명이 있다면 조사 결과의 일반화 가능성이 높아지지 않을까요? 30명이라면 어떨까요? 300명이라면? 집단을 대표하는 사람의 수가 많아질수록 사람 간의 사용 시간 차이는 집단의 사용 시간 차이를 반영할 확률이 높아집니다.

대표 선정 시 주의해야 할 점

심리학에서는 집단 간 차이를 연구하기 위해 집단의 표본 Sample을 다양한 방식으로 표집Sampling합니다. 이때 각 집단을 대표하는 사람을 '표본', 표본을 모집(선정)하는 행위를 '표집' 이라고 합니다. 심리학의 관점을 써먹는다는 이 책의 취지에 맞게 표본(대표)을 선정할 때 주의해야 할 점, 딱 두 가지만 살펴보겠습니다.

첫째, 표본이 너무 적으면 안 됩니다. 서울시와 부산시 고등학생의 수능 성적을 비교하기 위해 서울고 김지원과 부산고 이주원 한 명씩 표집하는 것은 너무 부족합니다. 우연히 전교 1등 김지원과 전교 꼴등 이주원이 표집된 것이라면, 둘의 차이는 집단의 차이를 전혀 반영하지 못할 것입니다. 그렇다면 표본은 어느 정도 필요할까요?

표본은 클수록(많을수록) 좋지만 일정 수가 넘어가면 변화가 미미합니다. 전체 집단이 1만 명이라고 가정할 때, 100명을 표집하다가 2,000명으로 표집 대상을 늘리면 일반화 가능성이 매우 커집니다. 100명은 전체의 1%지만 2,000명은 전체의 20%이기 때문입니다. 하지만 표집 대상을 6,100명에서 8,000명으로 늘릴 때는 앞 표본만큼 효과를 기대하기 어렵습니다. 61%와 80%는 전체 집단을 반영하는 정도가 비슷할 것으로 보이기 때문입니다. 똑같이 1,900명을 확대했지만 대상 확대의 효율은 전자가 훨씬 높은 것이죠. 결론적으로 표본이 너무 적다면 조사 대상을 늘려야겠지만 무한정 늘리기보다는 비용과 시간을 고려해서 적정선을 찾는 것이 좋습니다.

둘째, 표집은 무작위로 이루어지는 것이 좋습니다. 연구자가 임의로 선정한 표본은 한쪽으로 쏠릴 위험이 있기 때문입니다. 제 또래 지인들을 대상으로 20~30대 남성의 특성을 연구한다면 거의 저와 비슷한 특성이 나올 겁니다. 제 주변에 있는 지인은 거의 저와 비슷한 사람들일 테니까요.

서울역 앞에서 20~30대 남성을 찾아 연구한다면 제 주변보다는 좀 더 다양한 사람을 만날 수 있겠죠. 그러나 연구 결과를 대한민국 20~30대 남성으로 확대하고 싶다면 서울역뿐만 아니라 전국에서 무작위로 표집을 하는 것이 일반화 가능성을 높여줍니다.

물론 무작위 표집이 무조건 일반화 가능성을 높인다고 할 수는 없습니다. 서울 지역 고등학생의 수능 성적 평균을 알아보기 위해서는 서울 전역의 고등학교에서 무작위로 표본을 표집하는 것보다 각 학교당 몇 명씩 골고루 표집◈하는 것이 유리할 수 있으니까요. 이처럼 특수한 상황에서는 목적에 맞는 표집 방법이 필요하지만 기본적으로 표집은 무작위를 전제로 합니다.

우리가 다를 확률

　표본 선정을 마쳤다면 이제 비교하고 검증할 차례입니다. 오래 걸렸네요. 무엇을 비교하고 검증하면 될까요? 각 집단의 대표로 선정된 표본을 비교하고, 그 차이가 우연히 발생한 것은 아닌지를 검증합니다. 둘의 차이가 우연히 발생한 것이 아니라면 표본의 차이는 곧 집단의 차이가 됩니다.

　말이 조금 어려우니 해성이와 혜영이를 다시 불러와 봅시다. 해성이의 하루 평균 '대동여지도' 앱 사용 시간은 5분입니다. 표집된 서울유저 n명의 사용 시간 평균을 내보니 7분이 나왔습니다. 같은 방식으로 혜영이의 하루 평균 사용 시간은

◈　　층화표집(stratified sampling)이라고도 부릅니다.

20분, 함께 표집된 강릉유저 n명의 사용 시간 평균은 10분으로 나타났습니다. 아까 해성이와 혜영이의 사용 시간 차이는 15분이었는데, 집단 평균을 내보니 차이가 3분으로 줄어버렸네요. 사용 시간이 15분이나 차이가 날 때는 '둘의 사용 시간이 다르다'라고 이야기하는 것에 망설임이 없었는데 3분으로 줄어버리니 조금 망설여집니다. 3분이라는 차이는 충분히 다르다고 할 수 있을까요? 사실은 차이가 없는데 표집된 인원이 적어서 나타난 차이는 아닐까요? 서울유저와 강릉유저의 앱 사용 시간 차이가 크지 않다면 지역별로 서비스를 개선할 필요가 없을지도 모릅니다.

우리가 강릉유저와 서울유저 전체를 대상으로 조사한 것이 아니니 우연히 우리가 선정한 표본의 차이가 3분이었을 수도 있습니다. 만일 평균 차이가 5분이라면 어떨까요? 조금 더 해서 7분이라면 명백히 다르다고, 즉 우연히 발생한 차이가 아니라고 할 수 있을까요? 과연 몇 분을 기준으로 세워야 할까요?

우리는 길 찾기 앱 '대동여지도'의 수도권과 지방 사용자의 앱 의존도 차이를 알아보기 위해 사용 시간을 척도로 삼았고, 각 지역의 모든 사용자를 조사할 수 없으니 열심히 표본을 표집하여 서울과 강릉의 사용자 중 일부인 n명을 대상으로 조사를 진행했습니다. 이 둘의 사용 시간 평균을 비교해 보니 차이가 있긴 있지만 이 차이가 모집단(서울유저 전체와 강릉유저 전체)의 차이를 반영한 것인지는 확신할 수 없었습니다. '3분 정도는 우연히 발생할 수 있다' 혹은 '3분은 우연히 발생할 수 없다'라고 사람마다 생각이 다를 수 있으니까요. 심리학 연구에서도 분명 이런 문제가 발생하겠죠? 이런 때 어떻게 해결해야 할까요? 회사라면 대표님이, 연구실이라면 교수님이 결정해야 할까요?

우연일까, 아닐까?

◈

한 걸음 물러나서 바라봅시다. 서울유저 대표로 나온 해성이와 강릉유저 대표 혜영이의 사용 시간이 다른 것은 우연일까요? 우연일지도 모르니 다른 표본을 데려와 봅시다. 이때 선정된 표본도 사용 시간이 다르네요. 또 다른 표본을 데려왔습니다. 이번에는 사용 시간이 같네요. 이 과정을 계속 반복합니다. '이 차이는 우연이 아니다'라고 할 수 있으려면 몇 번이나 반복해야 할까요? 한두 번 가지고는 안 될 겁니다. 그래서 심리학 연구에서는 이 끝나지 않을 것 같은 반복 작업을 통계 프로그램에 맡깁니다. 통계 프로그램은 고맙게도 이 비교 작업을 무수히 반복해 줍니다.

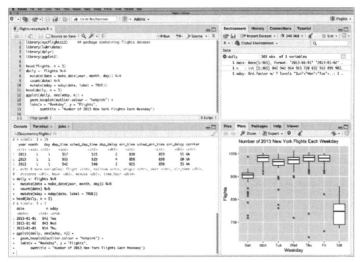

R이라는 오픈소스 통계 프로그램입니다. 프로그램 소스 코드도 다룰 줄 알아야
한다니! 문과 출신 심리학자에게 너무 가혹합니다. (출처: 위키백과)

정석대로라면 표집 인원이 모집단의 수에 가까울수록 표
본이 모집단의 특성을 더 많이 반영하므로 연구 결과의 일반
화 가능성이 커집니다. 하지만 앱 전체 사용자가 서울 500만
명, 강릉 10만 명이라면 전부 조사할 수는 없습니다. 그래서
서울, 강릉 각각 10만 명씩, 20만 명을 모았다면 우리는 결론
을 내리기 위해서 10만 번의 비교를 해야 할 것입니다. 눈앞
이 아득해지는 숫자지요.

하지만 20만 명을 모으지 못했다면 어떻게 할까요? 영영
결론을 내릴 수 없는 걸까요? 이때 우리에게 필요한 것이 통

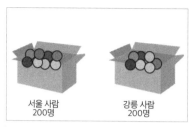

전체 집단 n명 표집

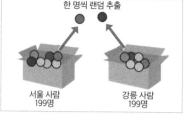

한 명씩 랜덤 추출하여 비교

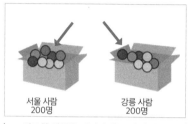

비교한 샘플을 버리지 않고 다시 넣음

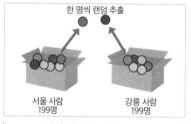

다시 비교 (× 10만 번 반복)

계 계산식입니다. 우리가 조사를 위해 표집한 인원이 전체 사용자의 극히 일부인 200명씩이라고 해볼까요? 서울유저 표본 200명의 데이터를 서울 박스에, 강릉유저 표본 200명의 데이터를 강릉 박스에 집어넣습니다. 그리고 하나씩을 꺼내 비교합니다. 결과를 기록하고 비교한 데이터는 제외하지 않고 다시 박스에 넣습니다. 다시 랜덤으로 하나씩을 꺼내 비교합니다. 두 번의 비교를 했습니다. 다시 합니다. 세 번의 비교를 했고, 여전히 각 박스에는 200명씩의 데이터가 남아있습니다. 이 과정을 10만 번 반복합니다. 그럼 우리는 400명을 데리고

10만 번의 비교를 할 수 있습니다.

이런 반칙 같은 작업이 가능한 이유는 우리가 표집한 표본 집단 200명이 모집단(서울 500만 명, 강릉 10만 명)의 특성을 반영하기 때문입니다. 앞서 이야기한 대로 표본집단의 인원을 지나치게 적은 수가 아니라 무작위로 충분하게 모았다면 표본집단과 모집단은 통계적으로 유사한 양상을 보입니다. 따라서 200명 사이에서 랜덤으로 10만 번 데이터를 뽑는 것은 전체 집단에서 랜덤으로 10만 번 뽑는 것과 통계적으로 유사하다고 할 수 있습니다.

이렇듯 무수히 많이 비교를 반복하면 해성이와 혜영이의 차이가 우연히 발생했을 확률을 구할 수 있습니다. 이 확률을 '유의확률' 또는 'p값'이라고 합니다. 유의확률이 높다면 우리가 발견한 차이가 우연히 발생할 확률이 높다고 할 수 있습니다. 즉 서울유저와 강릉유저의 사용 시간 차이가 실제로는 같은데, 어쩌다 보니 우연히 해성이와 혜영이 표본에서만 차이가 발생했다는 의미입니다. 하지만 유의확률이 낮다면 해성이와 혜영이의 차이가 우연히 발생한 것이 아니라 모집단의 차이를 반영하고 있는 것이라고 할 수 있지요. 즉 서울유저와 강릉유저는 원래 사용 시간에 차이가 나는 다른 집단이고 각각의 표본으로 선정된 해성이와 혜영이가 그 차이를 반영해 보여주는 것이라고요.

이처럼 심리학에서 두 집단 간의 차이에 대한 결론은 확률에 기반합니다. 두 집단이 다르다고 할 수 있는 기준선은 우리가 임의로 정하는 것이 아니라 통계적으로 결정됩니다. 일반적으로 심리학에서는 두 집단 간의 차이가 우연히 발생할 가능성이 5% 이하('p값이 0.05 이하'라고 표기합니다)일 때 통계적으로 '유의미하다'라고 판단합니다. 즉 대표(표본)들 간의 비교를 통해 두 집단이 실제로 다를 가능성이 높다고 판단할 수 있다는 뜻입니다. 사실 일반적인 상식으로는 90% 정도의 확률도 꽤 안전한 수치로 보이지만 그렇게 하지 않는 이유는 그만큼 엄격한 신뢰도를 추구하기 때문입니다.

'다름'을 밝히는 심리학적 관점

우리는 집단의 차이를 확인하기 위해 대표(표본)를 선정(표집)했고, 대표들 간의 차이를 통해 집단 간의 차이를 확인했습니다. 게임 중독인 청소년 100명, 게임을 하지 않는 청소년 100명을 대상으로 우울 점수를 조사한 결과, 두 집단이 차이를 보이고 그 차이가 우연히 발견된 것이 아닐 확률이 95%가 넘어간다면 게임 중독 집단과 게임 비중독 집단은 우울 수준에서 차이를 보이는 다른 집단으로 볼 수 있습니다.

차이가 확률의 형태로 나타나는 것은 우리가 실제로 모든 수의 집단을 관찰하지 않았기 때문입니다. 우리는 '대동여지도' 앱의 사용자 서울 500만 명, 강릉 10만 명 중 단 200명씩만을 표집해 차이를 비교했습니다. 새롭게 200명을 뽑으면 그 차이는 얼마든지 달라질 수 있습니다. 우연히 첫 번째 200명에 헤비유저가 많이 포함되었다거나, 두 번째 표집 200명에 라이트유저가 많이 포함되었을 수 있으니까요. 같은 수의 표집을 반복했는데도 우연에 의해 수치가 달라질 수 있고, 조사 대상을 1만 명으로 늘려서 다시 해보니 다른 결과가 나올 수도 있습니다. 심리학에서는 완전히 다른 것도 완전히 같은 것도 없습니다.

집단이 다를 확률이 99%라면 그냥 다르다고 해도 되지 않을까요? 아쉽게도 그럴 수 없습니다. 다를 가능성이 매우 높을지언정 오류의 가능성은 늘 존재하기 때문입니다. 앱 사용 시간이 평균보다 많은 모든 사용자가 강릉유저라고 단정할 수 없고, 서울유저 모두가 강릉유저보다 앱 사용 시간이 적다고 할 수도 없습니다. 마찬가지로 게임 중독에 빠진 청소년 모두가 우울하다고 할 수 없고, 우울한 모두가 게임 중독이라고 할 수도 없습니다.

심리학은 생각보다 까다롭고 철저한 통계적 검증을 합니다. 그러므로 인문학일 것이라는 인상과 달리 사회과학으로 분류됩니다. 이 내용이 지루하고 어렵게 느껴지나요? 괜찮습니다. 심리학과 학생들 대부분도 그렇거든요. 지루한 이야기는 뒤에 배치하고 싶었으나 이 내용을 알아야 뒤에 등장할 관점들을 쉽게 이해할 수 있습니다. 심리학적 관점을 익히기 위한 준비운동이라고 생각하고 천천히 따라와 주세요.

심리학자와 기획자 모두
데이터를 다룰 수 있어야 한다

아래 내용은 빅데이터를 주제로 한 콘퍼런스에서 들었던 이야기입니다. 빅데이터는 개발자의 영역이라는 인상이 강한데 기획자의 역할을 강조한 내용이라 무척 반가웠지요.

"데이터는 이제 충분합니다. 데이터를 수집할 기술도 충분하고요. 이제 데이터의 크기와 빅데이터의 가능성을 논할 단계는 지났습니다. 수집된 데이터가 가지고 있는 의미를 제대로 해석하고, 그 데이터를 활용해 어떤 인사이트를 도출할 수 있는지가 훨씬 중요합니다. 기획자의 역량이 필요해진 때입니다."

기획자는 데이터와 친해져야 할 일이 많습니다. SNS, 검색

포털, 광고, 온라인 서비스, 쇼핑몰 등 모든 곳에서 데이터가 수집되고 있다고 봐도 과언이 아니니까요. 데이터를 수집하고 관리하는 것이 개발자의 역할이라면, 기획자는 차고 넘치는 정보가 무엇을 의미하는지 해석할 수 있어야 합니다.

'좋아 보여서, 그럴 것 같아서, 그래왔으니까' 대신, 철저히 데이터를 기반으로 한 의사결정이 필요할 때가 있습니다. 이를 위해 같은 화면에 텍스트를 달리한 두 가지 버전을 만들어 어떤 버전이 더 좋은 지표를 보여주는지 A/B 테스트를 설계하여 데이터를 수집하는 경우도 있습니다.

UX 영역 역시 데이터와의 연관성을 빼놓고 이야기하기 어렵습니다. 어떤 디자인이 더 편하고 사용하기 쉬운지, UX 라이팅 영역이라면 어떤 문구가 더 이해하기 쉽고 사용자 친화적인지 등을 판단해야 하기 때문입니다. 이런 판단을 담당자의 감각에 의존하게 되면 객관적인 판단이 어려워집니다. 아무리 경험이 많아도 늘 최고의 판단을 하리라는 보장이 없죠.

지금까지 데이터를 기반으로 한 심리학적인 사용자 분석을 위해 사용자의 추상적인 감정을 데이터로 치환하는 작업을 해보았는데요. 이를 거꾸로 하면 데이터에 담겨있는 의미를 해석하는 과정이 됩니다. 사용자의 의존도를 분석하기 위해 앱 사용 시간을 보는 것도 가능하지만, 거꾸로 앱 사용 시간이라는 데이터를 이용해 사용자의 의존도로 분석해 볼 수도 있는 것이지요.

지금까지 이 책에 대한 만족도는 어떻게 정의해볼 수 있을까요? 술술 넘어가서 읽기 편한 '가독성'을 만족의 척도로 정의해 본다면 만족도는 93쪽까지 도달한 '독서 시간'으로 측정해 볼 수도 있을 겁니다. 독서 시간이 짧았다면 책이 만족스러웠을 거라고 추론해도 괜찮을까요? 하지만 독서 시간은 책의 만족도만을 반영하지는 않을 것으로 예상되니 이는 접어두어야 하겠습니다. 개인의 집중력이나 독서 환경, 생활 루틴 등의 영향을 받을 수 있으니까요.

우리는 이번 장에서 해성이와 혜영이를 표본으로 길 찾기 앱 '대동여지도'의 서울유저와 강릉유저의 앱 사용 시간의 차이를 비교해 보았습니다. 앱 사용 시간이 제대로 된 조작적 정의라면 서울유저와 강릉유저의 '대동여지도' 앱 의존도는 분명하게 차이가 보일 겁니다. 그런데 이것이 정말 거주지역에 따른 차이일까요? 해성이는 20대, 혜영이는 30대라는 연령 차이는 아닐까요? 다른 예로 게임 중독 청소년이 우울한 이유는 정말 게임 때문일까요? 게임 중독인 청소년은 그렇지 않은 청소년에 비해 컴퓨터 앞에 앉아 있는 시간이 많아서 운동량 차이로 우울 점수가 다르게 나타난 것은 아닐까요? 이런 가능성을 이어지는 다음 장에서 다뤄보겠습니다.

'정말 그럴까?'라는 심리학적 의심

심리학은 결론을 확률의 형태로 제시한다고 앞서 말했는데요. 이를 두고 "뭐 하나 확실한 게 없다는 거잖아?"라거나 "그래서 결론이 뭔데?"라고 하지는 않았는지 걱정이 됩니다. 이럴 수도 있고 저럴 수도 있다고 불확실하게 말하는 건 잘 모르겠다는 뜻으로 들리니까요.

1부에서 설명한 것처럼 심리학은 결론이 정반대인 두 가지 이론이 동시에 존재하기도 합니다. 명확한 결론을 원하는 사람들에게는 아주 피곤한 일이지요.

하지만 과학 기술이 발달해도 여전히 세상은 우리가 이해할 수 없는 일들이 많습니다. 그렇다면 온전히 이해하지 못한 불확실한 대상을 심리학에서는 어떻게 접근할까요?

심리학자들이 불확실성을 다루는 법

우리는 길 찾기 앱 '대동여지도'를 통해 서울유저와 강릉유저를 비교해 보았습니다. 서울 대표 해성이와 강릉 대표 혜영이의 차이를 통해 서울유저와 강릉유저 간 앱 사용 시간에 차이가 있다는 것도 알게 되었죠. 결론을 얻고 보니 또 다른 의문이 생겼습니다. 우리의 시작은 '지역 인프라에 따른 앱 의존도 차이'를 보기 위한 것이었습니다. 그래서 지역 인프라가 다른 수도권(서울)과 지방(강릉)의 앱 사용 시간을 비교한 것이지요. 그 결과 서울유저와 강릉유저 간에는 차이가 있었습니다. 그런데 이걸 과연 지역 인프라에 의한 차이라고 확실하게 말할 수 있나요?

이런 의문은 우리가 일상에서 흔히 만나는 '정말 그럴까?' 하는 순간과 비슷합니다. 예를 들어 금요일 야근을 마치고 집에 가려는데 비가 오네요. 택시를 타야겠습니다. 그런데 함께 야근한 동료는 지하철을 타겠다며 말합니다. "오늘 비 와서 택시 잘 안 잡힐걸?" 그 말을 들으니 궁금해집니다. '택시가 안 잡히는 게 정말 비 때문일까? 그냥 늦은 시간이라서 아니면 금요일이라서 그럴 수도 있지 않을까?'

기획자도 비슷한 질문을 던집니다. '버튼 색깔 때문에 많이 클릭한 걸까?', '이번에 새로 추가한 기능 때문에 사용자 만족도가 올라간 것일까?" 지금부터는 이런 의문들을 심리학은 어떻게 다루는지 살펴보고 기획자의 '왜?'라는 질문에 대한 답을 검증하는 과정을 알아보겠습니다.

가설을 검증하는 두 가지 방법

검증의 첫 단계는 의문을 가설의 형태로 만드는 겁니다. '서울유저와 강릉유저의 앱 사용 시간 차이가 지역 인프라 때문에 발생한 것이 맞을까?'라는 것은 의문입니다. 이것을 가설의 형태로 만들면 다음과 같은 문장이 됩니다.

지역 인프라가 좋을수록 앱 사용 시간이 짧을 것이다.

의문을 검증하기 위해서는 검증의 대상이 되는 내용을 분명한 문장, 즉 명제로 제시할 필요가 있습니다. 하지만 이것은 아직 가정에 불과하기에 '가설'이라고 부릅니다.

모든 심리학 연구는 가설에서 출발합니다. 가설을 세웠다면 다음은 검증을 해야 합니다. 가설을 검증하는 방법은 크게 '연역법'과 '귀납법'으로 나뉩니다. '연역법'은 일반적인 원칙이나 규칙에서 출발하여 구체적인 사례의 결론을 도출하는 방법이고, 반대로 귀납법은 구체적인 사례를 통해 일반적인 원칙이나 규칙을 도출합니다. 한 번쯤 들어봤을 삼단논법은 연역법의 한 방법입니다.

삼단논법의 예시

대전제: 모든 사람은 죽는다.
소전제: 길동이는 사람이다.
결　론: 길동이는 죽는다.

연역법은 대전제와 소전제가 필요하고 논리적인 일관성이 유지되어야 합니다. 위 예시가 옳다는 것을 증명하기 위해서는 '모든 사람은 죽는다'라는 대전제가 옳아야 하고, '길동이는 사람이다'라는 소전제가 명백해야 합니다. 그래야 개별사례인 '길동이는 죽는다'라는 결론을 증명할 수 있습니다.

이번에는 귀납법을 살펴볼까요? 귀납법은 관찰이 누적된 결과입니다. 공대생 A는 눈이 좋지 않아 안경을 씁니다. 그의 동기 B도 안경을 쓰고 있습니다. 선배 C 역시 안경을 쓰고요. 내년에 입학할 신입생 D도 안경을 쓰고 있습니다. 이런 상황을 보고 '공대생이라면 시력이 좋지 않을 것이다'라는 가설을 세울 수 있습니다. 이 가설은 연역법과 달리 완벽하게 검증되지 않습니다. 앞으로 만나게 될 공대생도 시력이 낮을 것이라는 가정 아래 세워진 가설이니까요.

반박 시 네 말이 맞음

공대생이 다른 전공 학생보다 시력이 낮다는 것을 어떻게 검증할 수 있을까요? 귀납적인 방법을 사용한다면 만나는 사람들의 전공과 시력을 조사하면 됩니다. 조사된 모든 공대생의 평균 시력이 타 전공 사람들보다 낮으면 가설은 힘을 얻습니다.

여기서 가설이 '힘을 얻는다'라고 한 이유는 언제든 가설에 위배되는 사례가 나타날 수 있기 때문입니다. 시력이 좋은 공대생 혹은 시력이 아주 나쁜 타 전공 학생을 만나게 될 수도 있습니다. 따라서 우리의 가설은 반대의 사례가 등장하면 언제든 반박당할 수 있습니다. 이를 심리학에서는 '반증 가능성'이 존재한다고 표현합니다.

카를 포퍼◈에 따르면 '반증 가능성'은 과학의 기준이기도

◈　카를 포퍼(Karl Popper, 1902~1994)는 과학적 방법론과 사회철학 분야에서 중요한 업적을 남긴 20세기의 영향력 있는 과학철학자입니다. 포퍼는 과학과 비과학을 구분하는 기준을 제시하고 비판적 합리주의를 주창하여 지식의 성장과 사회 진보에 대한 독특한 관점을 펼쳤습니다.

합니다. 반증할 수 있는 가설만이 과학적인 연구 대상이 될 수 있다는 뜻이지요. 이러한 시선을 '반증주의'라고 합니다. 심리학에서 검증하는 모든 가설은 반증 가능성을 포함하고 있습니다.

다시 귀납법으로 돌아가 볼까요? 귀납법을 통해 가설을 증명하려면 가설에 부합하는 사례를 최대한 많이 모아야 할 것입니다. 그러나 반증주의의 시선을 빌려오면 가설에 부합하지 않는 사례가 없음을 증명하여 더 간단하게 가설을 검증할 수도 있습니다. 백조가 흰색임을 증명하려면 모든 백조를 찾아 흰색인지 아닌지 확인하는 법도 있지만 '흰색이 아닌 백조가 없음'을 증명하는 법도 있다는 뜻입니다. 같은 이야기 같지만 여기에는 아주 중요한 차이가 있습니다. 반증 가능성을 낮추는 방식은 사례 전체를 확인할 필요가 없도록 만들어 주니까요. 즉 모든 사례를 확인하는 것보다 시간, 비용, 노력은 덜 들이면서 가설에는 힘을 더 주는 방법입니다. 심리학은 이 방법을 사용해 세상을 검증합니다.

길 찾기 앱 '대동여지도'의 서울유저와 지방유저의 앱 사용 시간에 대한 가설을 반증주의 관점에서 검증해 봅시다. "지역 인프라가 좋을수록 앱 사용 시간이 짧을 것이다."라는 우리의 가설이 틀릴 경우의 수는 얼마나 있을까요? 앱 사용 시간이 많은 수도권 사용자의 사례(가설의 반례)를 찾으면 됩니다. 더 쉬운 방법도 있습니다. 지역 인프라와 앱 사용 시간이 상관이 없다는 점을 밝히면 됩니다. 그렇다면 지역이 어디든 그에 따라 앱 사용 시간이 달라지지는 않을 겁니다.

정리해 볼까요? 심리학에서 세상을 검증할 때는 'A와 B는 관련 있음'이라는 가설을 세웁니다. 그리고 이 가설이 얼마나 받아들여질 만한지 검증합니다. 그것을 검증하기 위해 반증 가능성을 낮추는 방식을 사용하는데, 이때 필요한 것이 '영가설(원래 가설에 반대되는 가설)'입니다. 'A와 B는 관련 없음'을 밝히면 우리의 원래 가설은 힘을 잃습니다. 그러나 'A와 B는 관련 없음'이라는 영가설이 틀렸다면 거꾸로 우리의 원래 가설은 힘을 얻습니다. 심리학 논문에 자주 등장하는 '영가설 기각'은 이런 의미입니다. "내가 제시한 가설이 정확해질 가능성이 올라갔다!"라고 주장하는 것이죠.

세상을 검증하는 심리학적 관점

여러분이 들어본 심리학 이론도 모두 가설에서 출발해 수많은 반증 가능성을 격파해 온 이론입니다. 그러나 아무리 많은 반증 가능성을 격파해도 그 어떤 상황에서도 완벽한 절대적인 이론은 없습니다. 수 세기 동안 반증을 시도했으나 실패

했기 때문에 틀릴 확률이 극히 낮은 이론이 존재할 뿐이죠. 이론은 끊임없이 의심받아야 하고 그 의심을 격파함으로써 더욱 견고해집니다.

충분히 의심해 보세요. 의심하고 의심하다가 반박할 방법을 찾았다면 검증해 보세요. 검증을 시도한 결과 반박할 수 없었다면 기존 이론은 조금 더 힘을 얻을 수 있습니다. 반대로 반박할 수 있는 방법을 찾았다면 기존 이론이 틀렸을 수 있습니다. 새로운 가능성을 발견한 것이지요. 세상을 이렇게 바라보면 유연한 사고가 가능합니다. 더 다양한 시각으로 바라볼 수 있게 해주죠.

검증의 과정에서 필요한 것

더 나아가 검증의 과정에서 결코 빼놓아서는 안 되는 문제가 있습니다. 바로 '윤리'입니다. 심리학은 사람을 연구 대상으로 하다 보니 연구자 윤리만 관리 감독하는 기관을 둘 정도로 민감하게 다룹니다. 설령 연구 결과가 이로운 방향이라고 해도 결론에 도달하기까지의 과정이 윤리적이지 못하면 연구 진행이 불가능합니다. 억지로 진행한다고 해도 해당 연구논문은 학계에서 받아들여지지 않습니다. 사람을 위한 학문이 사람을 다치게 해서는 안 되니까요.

이런 연구 윤리에 관해 이야기할 때 늘 등장하는 실험이 있습니다. 1971년 미국 스탠퍼드 대학의 심리학자 필립 짐바르도가 진행한 '스탠퍼드 감옥 실험'입니다. 심리학과 학생이 아니어도 한 번쯤 들어봤을 만큼 유명한 실험입니다.

가상의 감옥에서 이루어진 이 실험은 참가자들을 '교도관'과 '죄수'로 무작위로 나누어 권위와 환경이 인간 행동에 미치는 영향을 연구하려 했습니다. 그러나 실험은 폭력적이고 비윤리적인 상황으로 빠르게 악화되었죠. 교도관 역할을 맡은 참가자들은 가혹하고 폭력적인 방식으로 '죄수'들을 통제했고, 죄수 역할의 참가자들은 심각한 심리적 스트레스와 불안, 무기력감을 겪었습니다.◈

연구자는 참가자들의 고통을 방치하고 실험 상황을 적절하게 통제하지 못했으며 실험 중에 발생한 가혹 행위를 제대로 중재하지 않았습니다. 참가자들은 실험 후에도 지속적인 정신적 불편감과 후유증을 호소했지요.

'스탠퍼드 감옥 실험'은 심리학 연구에서 윤리적 기준의 필요성을 부각했고, 이후 많은 학술 기관에서 연구 윤리를 강화

◈   현재, 이 실험은 조작되었다는 논란이 있습니다. 연구 윤리가 지켜지지 않으면 비극적인 결과가 초래될 수 있다는 예시로만 이해해 주세요.

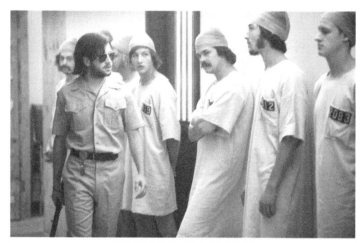

스탠퍼드 감옥 실험을 소재로 한 영화
〈더 스탠포드 프리즌 엑스페리먼트(The Stanford Prison Experiment)〉(2015)

하고 '기관 감사 위원회IRB, Institutional Review Board'◈와 같은 윤리
위원회를 도입하는 계기가 되었습니다.

반증은 때에 따라 공격으로 받아들여질 수도 있습니다. 연
구자의 주장과 반대로 말하기 때문이죠. 그러나 그 목적은 가
설이 얼마나 탄탄한지를 검증하기 위한 것입니다. 반박은 결
과가 아니라 과정입니다. 카를 포퍼 역시 반증을 위한 논의는
옳은지 그른지를 가려내는 싸움이라기보다 진리에 더 가까워

◈　연구 윤리를 심사하고 보호하는 기관으로 인간을 대상으로 하는 심리학 연구가 윤리
　　적 기준을 준수하는지 평가합니다. 연구 참여자의 안전, 권리, 비밀을 보호하기 위해
　　연구 계획을 검토하고 승인 여부를 결정하는 역할을 수행합니다.

지기 위한 과정임을 강조했습니다. 논의가 끝나면 원망이 남는 것이 아니라 참여한 모두가 문제를 더욱 명확하게 볼 수 있으리라 기대하면서요.

여기까지가 심리학이 세상을 검증하는 법과 그것에서 배울 수 있는 심리학적 관점의 내용입니다. 가설을 검증하는 과정을 통해 지역 인프라와 앱 사용 시간이, 게임 중독과 우울함이, 전공과 시력이 어떤 관련이 있는지, 진짜 관련이 있기는 한 건지, 있다면 어떻게 영향을 주는지 밝힐 수 있습니다. 가설을 세우고 관계를 밝히는 과정은 뒤에서 더 자세히 다룰 예정입니다. 그러니 이 내용은 잊지 않고 기억해 주었으면 합니다.

혹시 반박하고 싶은 내용이 있나요? 얼마든지 의문을 제기해 주세요. 그것이 이 책을, 또는 여러분의 생각을 더욱 발전시킬 것입니다.

당연한 것은 당연히 없다

심리학은 차이를 연구하기 위해 각각의 유형으로 나누고 범주화하여 유형 간의 차이로 대상을 분석합니다. 그 과정에서 추상적인 개념을 셀 수 있도록 조작적 정의를 하기도 합니다. 조작적 정의를 통해 수치화를 완료했다면 각각의 범주에서 대표를 선정해 비교합니다. 그리고 이를 과학적으로 검증하기 위해 적절한 가설을 세우고 가설의 타당도와 신뢰도를 도출합니다.

이제 심리학이 뭐 하는 녀석인지, 어떤 식으로 대상에 접근하는지는 감이 잡히셨나요? 지금까지 따라온 과정을 '실험 심리학 패러다임'이라고 합니다. 현대 심리학의 이론적 틀은 실험을 기반으로 하는 실험 심리학의 견해를 따른다는 뜻입니다. 조금 어렵지만 새로운 내용은 아닙니다. 심리학은 유형

간 차이에 대한 가설을 세우고 실험을 통해 확률을 밝히는 검증 방식이라는 것을 어렵게 표현한 것뿐입니다.

당연한 것은 생각보다 별로 없다

책의 서두에서 저는 '인간이란 무엇인가?', '마음이란 무엇인가?', '어떻게 하면 상대방의 마음을 읽을 수 있는가?' 하는 내용은 과학적으로 검증할 수 없기 때문에 심리학 수업에서 다루지 않는다고 했습니다.

그렇다면 심리학은 언제부터 과학적인 방법을 사용해 왔을까요? 실험 심리학 사조는 심리학의 아버지라 불리는 빌헬름 분트로부터 출발했습니다. 학자 이름이 나왔지만 긴장하지 마세요. 역사를 읊으려는 것은 아니니까요. 그저 실험 심리학의 출발을 1879년으로 본다고 말하려는 것입니다. 학부 시절 교수님이 '심리학은 학문의 아버지라 불리는 학자가 사진으로 남아있는 몇 안 되는 학문'이라고 하셨던 농담이 기억납니다. 150년도 안 되는 학문의 역사를 두고 유서가 깊다고 보기에는 다소 무리가 있다면서요. 심리학의 패러다임은 생각보다 오래되지 않았습니다. 우리보다 두어 세대 정도를 더 살았을 뿐입니다.

비단 심리학만의 이야기가 아닙니다. 우리가 당연하다고 생각하는 자본주의, 인권 등의 개념도 인류 역사로 보면 사실 그리 오래된 이야기가 아닙니다. 불과 300년 전만 해도 사람들은 범죄자가 죄를 저지르는 것은 악령에 씌었기 때문이라고 믿었습니다. 심지어 그 시대 최고의 지식인들조차 그것을 상식으로 받아들였습니다.

'지구가 태양 주위를 돈다'라는 지극히 당연한 사실도 갈릴레오 갈릴레이의 등장 전, 즉 500년 전에는 미친 소리에 불과했습니다. 단지 우리의 수명이 100년 이내인지라 엄청난 시간으로 느껴지고 태어날 때부터 상식이었기에 당연하다고 믿을 뿐이죠. 가까운 예를 들어 20년 전만 해도 우리가 생각할 수 있는 대화형 인공지능은 '심심이'가 전부였습니다. 그

사용자의 질문에 재치 있게 대답하는 챗봇 서비스 심심이. 인공지능을 활용해 대화하는 방식으로 2002년에 출시되어 인기를 끌었습니다.

시절 인공지능은 그저 심심풀이 대화 용도에 불과했지요. 지금처럼 대화형 인공지능이 그림도 그려주고 글도 써주고 데이터도 분석하고 코딩하는 모습은 상상도 할 수 없었습니다.

최근 다양한 범죄에 활용되어 문제가 된 이미지 합성 기술인 '딥페이크'는 10년 전만 해도 없던 단어였습니다. 스마트폰의 편리함도 아이폰이 발표된 2007년 전에는 상상 속 이야기였을 뿐입니다. 생각보다 당연한 것은 별로 없습니다. 우리가 지금 말도 안 된다고 생각하는 것들이 언젠가는 당연한 것이 될지도 모릅니다.

세상을 인식하는 심리학적 관점

자연과학적 관점에서는 정답이 있습니다. 1 더하기 1은 2입니다. 2일 확률이 95%라는 식으로 설명하지 않습니다. 양자역학 같은 과학 분야에선 그런 경우도 있는 듯 보이지만 적어도 제가 떠올릴 수 있는 자연과학의 영역에서는 그렇습니다.

그러나 심리학은 단정하지 않습니다. 앞서 강조했듯 당연한 것도 없고 100%의 확률도 없습니다. 심지어 실험 심리학이라는 패러다임조차 언제 바뀔지 모릅니다. 이것이 심리학에서 배울 수 있는 세상을 인식하는 법이자 심리학이 세상을

정규분포의 기본적인 형태

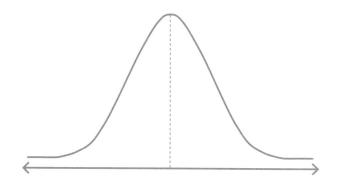

보는 관점입니다.

2부에서 설명한 심리학은 '사람들의 데이터를 다룬다'는 점에서 '통계' 과목과 관련이 깊은데요. 통계를 이야기할 때 중요한 개념 중 하나가 '정규분포'입니다. 대부분의 통계적 검증 방법(계산식)이 정규분포를 가정한 채 이루어지기 때문입니다. 심리학에서도 특별한 경우가 아니라면 정규분포를 가정합니다.

정규분포는 코끼리를 삼킨 보아뱀의 모습을 하고 있습니다. 가로축의 가운데 우뚝 솟은 지점이 평균을 나타냅니다. 세로축은 분포를 나타내지요. 조사한 데이터 대부분은 평균 근처에 몰려있게 됩니다. 그리고 양극단으로 갈수록 그곳에 속

한 데이터는 줄어듭니다. 당연히 저와 여러분이 양극단에 속할 확률도 낮아지겠죠.◈

대부분의 연구가 정규분포 형태를 가정하고 계산을 진행하지만 사람들의 조사 데이터가 항상 정규분포만을 이루는 것은 아닙니다. 그런데도 정규분포를 가정하는 것은 실제 대부분의 데이터가 정규분포를 하고 있기 때문입니다. 사회과학, 심지어 자연과학의 연구 데이터 대부분도 정규분포 형태로 나타납니다. 시험 점수 분포, 키나 체중 등 신체 특성 분포, 특정 질병의 발병 연령, 특정 종의 꽃잎 수, IQ, 기온 변화량 분포, 특정 시간대의 차량 통행량, 기업의 월간 통계 등등 분야를 막론하고요.

정규분포를 해석할 때 주의할 점

정규분포는 기획자에게도 중요한 도구가 됩니다. 정규분포에 대한 이해는 사용자를 더 깊이 이해하게 하고 데이터에 기

◈　재미있는 점은 가운데에 속한 사람일지라도 본인은 끄트머리에 있다고 여기기 쉽다는 것입니다. 혹시 '나는 끝에 있을 것 같은데?'라고 생각하면서 그림을 보지는 않았나요? 특별한 사람이 되고 싶은 마음은 아주 정상적이고 지극히 평균적인 바람입니다. 그러니 그렇게 생각했더라도 심각하게 받아들일 필요는 없습니다.

반한 의사결정을 내리는 데 도움을 줍니다. 그런데 기획자가 정규분포를 해석할 때는 주의해야 할 점이 있습니다.

첫째, 정규분포에서 평균뿐만 아니라 분포의 폭(표준편차)도 고려해야 합니다. 평균이 높더라도 분포의 폭이 넓다면(그래프가 납작하다면) 사용자 간의 격차가 크다는 것을 의미합니다. 반대로 평균이 뾰족하게 높게 솟아 있다면 사용자 대부분이 평균에 몰려있다는 뜻이 되지요. 같은 정규분포라도 해석할 수 있는 정보가 다른 것입니다.

둘째, 정규분포상 평균적인 사용자가 대부분이라고 예상하기 쉽지만 극단적인 소수의 사용자도 있다는 점을 인식해야 합니다. 그래야 다양한 사용자 그룹의 니즈를 포괄적으로 고려할 수 있습니다. 기획자라면 평균적인 사용자뿐만 아니라 극단적인 사용 패턴을 보이는 사용자에게도 피드백을 받아야 합니다.

셋째, 정규분포를 따르지 않는 상황도 존재한다는 점을 기억해야 합니다. 때로는 예상을 벗어나 정규분포가 아닌 다른 형태의 분포가 나타날 수 있습니다. 그때는 그 이유를 분석하는 것으로 인사이트를 얻을 수 있습니다. 또한 정규분포가 아닐 때는 평균값이 집단의 실체를 제대로 반영하지 못하는 '평균의 함정'에 주의해야 합니다. 결국 정규분포에 대한 이해는 우리가 전체적인 패턴을 파악하면서도 동시에 개별 사용자의 특성을 고려할 수 있게 해줍니다.

심리학에 정답은 없습니다. 기획도 마찬가지라고 봅니다. 더 나은 해결책, 최선의 방법이 있을 뿐 정답이라고 할 수 있는 기획은 없습니다. 이제 각각의 인간에 대한 미시적인 관점의 심리학을 살펴보기 위해 3부로 넘어가 봅시다. 조금 더 구체적인 우리 각자의 이야기니까 쉽고 재미있게 읽을 수 있을 겁니다.

3부

eXperience:
경험 분석을 위한 관점

사람의 행동을 예측할 수 있을까?

기획자는 사람을 대상으로 기획합니다. 상품 기획, 광고 기획, 앱 기획, 책 기획까지 모든 기획은 이용할 사람을 고려해야 합니다. 이때의 사람은 '사람들'이 아닙니다. 2부에서 '사용자들'을 분석하는 것과 '사용자'를 분석하는 것은 다르다고 했지요? 다수의 사람을 분석하는 거시적인 관점에서는 사람들의 경향을 나타내는 데이터를 활용했습니다. 경향은 방향성이지요. 하지만 그 사람들의 뭉치가 모두 같은 방향을 바라보는 건 아닙니다. 앱 서비스 만족도 조사에서 만족도가 10점만점의 9.5점이라면 사용자들은 대체로 만족하는 경향을 보인다고 할 수 있지만 그중에는 5점도, 2점도 있을 수 있습니다. 이런 개인들을 분석하기 위해서는 숲이 아니라 나무를 보는 시각, 즉 미시적인 관점이 필요합니다.

2부가 '사람들'을 분석하는 이야기였다면, 지금부터 할 이야기는 사용자의 '경험'에 관한 것입니다. 사용자 경험을 기획하기 위해서는 사용자의 상품/서비스 경험을 예상할 수 있어야 합니다. 전체 사용자의 경향성이 아니라 사용자 한 명 한 명을 정의해야 하죠. 이때 가상의 사용자를 설정해 그 사용자가 우리 상품/서비스를 어떻게 이용할지 사용자의 행동을 예측하는 시뮬레이션을 해봅니다. 여기서 우리가 가장 먼저 할 일이 있지요. 바로 '경험'이 무엇인지 정의하는 일. 경험을 정의하고 제대로 이해할 수 있어야 사용자 경험도 예상할 수 있으니까요. 심리학에서는 경험을 어떻게 바라볼까요?

경험 분석은 예측이 아니라 이해

심리학적으로 경험을 분석한다고 하면 '예측'을 기대하는 사람이 많습니다. 특히 범죄심리학의 이미지는 더욱 그렇습니다. 셜록 홈스처럼 사람의 외형만 보고 그 사람이 말하지 않은 정보를 척척 추리하는 모습을 많이 떠올리지요. 저도 홈스를 좋아합니다만 심리학을 그렇게 생각하는 것은 조금 곤란합니다.

범죄심리학 안에는 굉장히 다양한 분야가 있습니다. 흔히

들 생각하는 프로파일링도 그중 하나이지요. 프로파일링은 범죄심리학의 세부 전공인 수사 심리학의 기법 중 한 방법입니다. 이 외에도 범죄자의 재사회화를 연구하는 교정심리학, 피해자의 회복을 연구하는 피해자 심리학, 청소년 비행 관련 재범 위험성 평가 등 범죄심리학의 영역은 매우 넓습니다.

저는 그중에서 '진술 분석'에 관심이 많았습니다. 진술 분석은 법정에서 판결의 근거가 되는 진술의 신빙성을 평가하는 일입니다. 겉으로만 보면 거짓말인지 아닌지 척척 판별하는 일처럼 보이지요. 고백하자면 저도 공부하기 전에는 그런 줄 알았습니다. 하지만 좀 더 제대로 알고 나니 거짓말 판별과는 조금 다르더군요. 진술 분석은 거짓말인지 아닌지 맞히는 일이 아니라 '진술이 무엇을 기반으로 하는지'를 평가하는 일입니다.

흔히 '잘못된 진술'이라고 하면 거짓말이라고 생각하기 쉽습니다. 하지만 법정에서 '실체적 진실◈과 다른 진술'은 '거짓말'과 동의어가 아닙니다. 거짓을 말하려는 의도는 없지만 사실과 다른 진술도 존재하기 때문이지요. 이는 인간의 지각과 기억이 완벽하지 않아 생기는 일입니다.

◈   법정에서 사용하는 용어로 증거와 사실에 기반해 객관적으로 재구성한 '실제로 일어난 일'을 의미합니다.

어느 날 사랑스러운 다섯 살짜리 조카가 울면서 집에 돌아왔다고 상상해 봅시다. 이유를 물어보니 "놀이터에서 동네 형에게 맞았다."라며 울먹거립니다. 속상한 마음에 그 아이를 불러 "왜 동생을 때렸냐?"고 물어보니 동네 형은 때린 적이 없다고 합니다. 둘 중 하나는 거짓말을 하는 걸까요?

CCTV를 돌려보았습니다. 동네 형인 아이가 친구들과 막대로 칼싸움 놀이를 하고 있고 우리 조카는 그 옆에서 모래성을 쌓고 있네요. 동네 형은 친구들의 맹공격을 방어하기 위해 열심히 막대기를 휘두르다가 뒤에 있는 조카를 보지 못한 채 그 방향으로 팔을 휘젓습니다. 휘두르는 팔의 반경에 조카가 앉아 있고요. CCTV를 보니 동네 형은 휘두른 막대기 끝이 조카에게 닿았다는 것조차 인지하지 못하네요. 형은 때린 적이 없으니 '때리지 않았다'는 말은 사실이었습니다. 하지만 조카의 '맞았다'는 주장 역시 사실이었습니다. 거짓말 하는 사람은 없지만 진술이 엇갈리는 순간입니다.

이런 일이 동네 놀이터에서만 일어날까요? 그렇지 않습니다. 길을 건너는데 횡단보도에 깊숙이 침범한 차량 때문에 짜증이 났습니다. 그런데 일주일 후 경찰이 와서 차량 색상을 묻습니다. 그 차량이 사실은 도주차량이었다면서요. 정확하게 대답할 자신이 있나요? 기억이 나지 않는다고 대답하거나 '흰색이었던 것 같다'라고 자신 없이 대답할 수도 있습니다. 어쩌면 '흰색이었다'라고 확실하게 대답할 수도 있고요. 아이러니하게도 자신의 기억을 확신하는 정도가 기억이 얼마나 생생한지와는 큰 관련이 없을 때가 많습니다. 오히려 가물가물한 기억도 확신하는 성격이 진술의 뉘앙스를 좌우합니다.

법정에서 등장하는 진술이 사실과 다른 경우는 비일비재합니다. 물론 앞의 사례처럼 의도치 않은 허위 진술도 있고 의도한 거짓말도 있습니다. 이때 진술 분석은 진술의 출처를 평가합니다. 즉 '진술이 실제 경험에 기반하는지'를 분석하는 것이지요.

진술의 신빙성을 평가하려면 '경험'을 구체적으로 이해해야 합니다. 우리가 어떤 대상을 어떻게 인식하는지, 인식한 대상은 뇌에 어떻게 저장되는지, 잘못 왜곡되어 저장될 가능성은 없는지 등을 말이죠. 그래야 진술을 토대로 사건을 재구성해 진술이 사실에 기반하는지를 평가할 수 있습니다.

기획도 마찬가지입니다. 사용자의 경험을 예상하는 것은 사용자가 상품/서비스를 어떻게 지각하고 기억하고 반응하는지 이해하는 과정입니다. 기획자가 설계한 사용자 여정에 논리적으로 이상이 없는지와 설계한 요소에 사용자가 반응하는지를 예상하기 위해서는 결국 '인간의 경험'에 대한 이해가 필요합니다. 이를 분석할 수 있으면 기획자는 좀 더 효과적인 인터페이스와 콘텐츠를 설계할 수 있습니다.

경험이 이루어지는 과정

심리학 관점에서 인간의 경험은 지각으로 시작해서 기억으로 끝난다고 볼 수 있습니다. 그사이에는 수많은 선택이 존재하지요. 그 과정을 하나하나 뜯어 살펴보면 보거나 듣고 만지며 대상을 인식하는 게 먼저입니다. '지각'의 과정이죠. 그다음에는 더 궁금해하거나 아니면 그냥 지나칩니다. '선택'의 단계입니다. 마지막으로 새로운 정보로 기억하거나 추억으로 간직하거나 혹은 그냥 잊어버립니다. '기억'에 관련한 이야기입니다.

예를 들어 여러분이 시간 관리 앱을 찾는다고 합시다. 앱스토어에서 인기차트를 살펴보고 여러 앱을 둘러봅니다. 시각적인 지각의 과정입니다. 특별히 눈에 띄는 앱이 없네요. 그러다가 우연히 아이콘 디자인이 독특하고 평점이 좋아서 호감이 가는 앱을 발견(지각)합니다. 설명 페이지를 클릭합니다. 선택이 이루어졌습니다. 앱의 설명과 스크린 샷을 살펴보니 흥미로워 보입니다. 그 앱을 다운로드하기로 결정(선택)합니다. 앱을 설치하고 나니 스쳐 지나간 다른 앱들은 거의 기억이 나질 않네요.

이처럼 앱을 선택하는 과정도 '지각 → 선택 → 기억'의 관점에서 분석할 수 있습니다. 자, 지금부터 경험의 요소인 지각, 선택, 기억에 어떤 특징이 있고 어떤 영향을 주고받는지에 관해 이야기해 봅시다. 어쩌면 평소 심리학 하면 떠오르는 우리에게 친숙하고 익숙한 영역일지도 모르겠습니다. 이를 통해 사용자 경험을 조금 더 면밀히 들여다볼 수 있는 관점 하나를 얻어갈 수 있기를 바랍니다.

신경쓰기의 UX, 브랜딩으로 저장

경험은 지각으로 시작됩니다. 보거나 듣거나 만지거나 냄새를 맡거나 맛보는 세상을 나의 인식 속으로 끌어들입니다. 이 작업을 '지각'이라고 합니다. 지각은 선별적으로 이루어집니다. 감각기관이 포착하는 모든 것을 의식적으로 처리하지는 않는다는 뜻입니다.

지각하고 있으니 주의하세요

「보헤미안 스캔들」이라는 단편 소설에서 셜록 홈스는 왓슨에게 "자네는 현관에서 이 방까지 계단이 모두 몇 개인지 알고 있나?"라는 질문을 던집니다.

셜록과 왓슨은 현관에서 그들이 거주하는 2층으로 오르는 계단을 아마도 수백수천 번은 보고 걸었을 것입니다. 그러나 왓슨은 대답하지 못합니다. 반면 셜록은 17개라고 말하면서 왓슨은 그냥 보았지만 자신은 관찰했기에 알고 있다고 덧붙입니다. 보이는 것과 보는 것은 다릅니다. 왓슨은 계단이 보였고 셜록은 계단을 보았습니다. 왓슨은 의미를 부여하고 관찰하지 않았기에 둘은 동일한 것을 보았지만 다르게 지각한 것이죠.

'무주의 맹시Inattentional blindness'◈라는 현상을 검증한 실험이 있습니다. 실험 참가자들에게 농구공으로 패스 연습을 하는 사람들의 영상을 보여주며 흰옷을 입은 사람들이 패스를 몇 번 했는지 알려달라고 합니다. 영상 중간에 고릴라가 난데없이 등장하여 화면 중앙에서 춤을 추고 지나갑니다. 그런데 다들 패스 횟수를 세느라 고릴라를 눈치챈 사람이 별로 없습니다. 패스 횟수를 세어달라는 요구 없이 영상을 보면 그제야 고릴라의 존재를 눈치챕니다. 이를 통해 '보는 것'과 '관찰하는 것'은 다르다는 점을 알 수 있습니다.

◈　주의를 기울이고 있지 않은 자극을 감지하지 못하는 현상을 말합니다. 이는 우리의 주의가 제한적이며, 특정 대상이나 과업에 집중할 때 주변에서 일어나는 명백한 변화를 인식하지 못할 수 있음을 보여줍니다. 이 현상은 시각뿐 아니라 청각 등 다른 감각에도 적용됩니다.

| '무주의 맹시' 실험 영상. 저도 처음에는 고릴라를 보지 못했습니다.

사람은 눈으로 귀로 들어오는 모든 정보를 의식적으로 다루기에 한계가 있습니다. 그래서 여러 자극 중 한 가지에 주의를 둡니다. 하지만 우리가 항상 신경 쓸 곳을 마음대로 선택할 수 있는 것 또한 아닙니다.

'칵테일파티 효과'◈라고 이름 붙은 재미있는 실험이 있습니다. 파티에서는 여기저기서 많은 대화가 오가죠. 사람들이 많다면 웅성웅성 아주 시끄러울 겁니다. 정신이 하나도 없는

◈ 복잡하고 시끄러운 환경에서도 관심 있는 특정 소리(예: 자신의 이름)가 들리면 이를 선택적으로 인식할 수 있는 능력을 말합니다. 이는 우리의 주의가 선택적이며 주변 소음 속에서도 유의미한 정보를 걸러내는 능력을 갖추고 있음을 보여줍니다.

| 이 그림에서 흰 바둑돌에 주의를 두기는 쉽지 않을 겁니다. |

가운데 저쪽에서 갑자기 내 이름이 들립니다. 시끄러운 와중에도 내 이름만큼은 아주 또렷히 들리지요. 파티에서 오고 가는 수많은 말소리에 귀를 기울이다가 내 이름과 비슷한 발음을 들었던 건 아닐 겁니다. 그럼에도 내 이름이 들리는 이유는 뇌가 나와 관련한 정보에 더 가중치를 두고 열심히 지각하기 때문입니다.

이처럼 우리 뇌는 주의를 둘 곳을 무의식적으로 결정하기도 합니다. '칵테일파티 효과' 실험처럼 웅성거리는 말소리(중립 자극) 중 이름처럼 나와 관련 있거나 빨간색, 사이렌 소리 등 안전을 위협하거나 평소와 다른 이질적인 자극은 의지와는 관계없이 우리의 주의를 빼앗아 버리죠.

지각은 선별적으로 일어납니다. 왜냐하면 뇌는 다양한 자극 중 의미 있는 정보를 걸러내기 때문입니다. 나와 관련 있는 정보는 강하게 지각됩니다. 우리는 수많은 자극 중 일부만 신경을 쓰며 관찰할 수 있을 뿐 주의를 둔 모든 것을 기억할 수 없습니다. 그래서 어떤 자극은 마음먹기에 따라 혹은 본능에 따라 다르게 인식될 수 있습니다.

추억은 다르게 적힌다

셜록은 계단 수를 기억했지만 왓슨은 기억하지 못했습니다. 같은 경험이 같은 기억이 되지 않았습니다. 왓슨은 보았고 셜록은 관찰했기 때문이죠. 기억은 의미를 부여하는 대상에 대해서만 형성됩니다. 더 정확히 말하면 우리는 의미를 부여한 대상만 떠올릴 수 있습니다. 의미를 부여하지 않으면 뇌에 저장은 되지만 인출하기는 어려운 것이죠. 왓슨은 계단의 위치와 모양은 기억에 있었으나 계단이 몇 개인지 상세한 정보는 인출할 수 없었습니다.

우리의 기억이 모두 장기기억이 되지는 않습니다. 만일 셜록이 저 질문을 위해 방에 들어오기 직전에 계단을 세어본 것이라면 한 달 후 왓슨이 계단 수를 되물어 볼 때는 바로 대답하지 못할 수 있습니다. 이러한 기억을 '작업기억'이라고 합니다. 특정 작업을 위해 잠시 유지하는 기억이라는 뜻입니다. 컴퓨터로 치면 램 혹은 클립보드에 비유할 수 있겠네요.

기억의 형태 중에 '절차기억'도 있습니다. 절차기억을 설명할 때 많이 쓰는 예시는 자전거입니다. 우리가 자전거를 배운다면 먼저 방법을 머리로 외우려 할 것입니다.

자전거를 타는 법

↓ 핸들을 잡는다. ←
↓ 안장에 앉는다.
↓ 한쪽 페달에 발을 올린다.
↓ 힘껏 밟으면서 추진력을 얻는다.
↓ 자전거가 앞으로 나아가며 중심을 잡는다
↓ 반대 발을 페달에 마저 올린다.
↓ 속도가 느려지며 중심을 잃기 전에 반대 페달을 밟는다.

반복한다.

자전거를 처음 배울 때는 저 과정을 머릿속에 기억해야 합니다. 하지만 어느 정도 자전거를 타다 보면 의식적으로 아는 것이 아니라 몸이 기억합니다. 오랜 학습으로 저절로 몸에 익히게 된 거죠. 절차기억은 익숙함과 관련이 있습니다. 그러나 의도적으로 절차기억에 넣는 것은 불가능합니다. 수많은 반복 숙달을 통해 자연스럽게 기억되는 것이지 '절차기억으로 기억해야지' 하고 마음먹는다고 해서 절차기억이 되는 것은 아니라는 뜻입니다.

마지막으로 '의미기억'과 '일화기억'이라는 구분이 있습니다. '의미기억'은 머릿속 사전과 같은 역할입니다. 우리가 '지식'이라고 부르는 것이며 사실과 개념을 저장합니다. 반면 '일화기억'은 사건에 대한 기억입니다. 우리가 경험한 것에 대한 시간, 장소, 감정 등의 맥락과 함께 저장되는 기억입니다. 흔히 '추억'이라고 부르는 것이지요. 예를 들어 제 책상 위에 머그컵이 하나 있습니다. 손잡이 달린 모양으로 도자기 재질이며 음료를 담는 용도입니다. 이것은 제 지식, 머그컵에 대한 의미기억입니다. 그런데 이 머그컵을 보면 미국 여행이 떠오릅니다. 미국 여행 당시 보스턴의 하버드 기념품점에서 이 머그컵을 사 들고 나와 그 앞 광장에서 어르신들이 두던 체스를 구경했던 기억이 납니다. 이것은 '그 머그컵'에 대한 저의 일화기억입니다. 보통은 의미기억보다 일화기억이 강렬하게 기억에 남고 떠올리기도 쉽습니다.

기억은 의미 부여에 따라 다르게 기록됩니다. '추억은 다르게 적힌다'라는 노래 가사처럼 목적과 상황에 따라 다른 형태

로 저장됩니다. 몸으로 익힌 기억은 설령 말로 설명하기 어렵
더라도 몸이 기억하고 있습니다. 자전거 타는 절차를 말로 설
명할 수는 없어도 자전거는 탈 수 있는 것처럼요.

우리는 뇌를 통제할 수 없다

우리는 우리의 신체 기관을 완벽히 통제할 수 없습니다. 그
대표적인 근육이 심장이고 대표적인 조직이 뇌입니다. 오히
려 우리가 뇌의 통제에 따르지요. 뇌는 신체뿐만 아니라 마
음도 통제합니다. 가령 우리는 우리의 의지대로 생각대로 움
직이는 걸까요? 그렇다면 우리는 보고 싶은 것만 보고, 듣고
싶은 것만 들을 수 있어야 합니다. 기억하고 싶은 것은 기억
하고, 지우고 싶은 기억은 마음대로 잊을 수 있어야 합니다.

하지만 우리는 시험을 치를 때 공부한 것이 기억나지 않아
고통받기도 하고, 다르게 기억해서 곤란함을 겪기도 합니다.
지각과 기억이 작동하는 방식을 보면 뇌는 완전무결하게 작
동하는 것 같지 않습니다. 그렇다고 해서 완벽하지 못하다고
할 수는 없습니다. 왜냐하면 사실 뇌는 우리 삶의 최적화가 더
중요하기 때문입니다.

우리가 본 것을 모두 지각하고 기억한다면 아마 에너지가

남아나질 않을 겁니다. 출근길에 지나가는 차들의 번호를 모두 기억한다면 얼마나 피곤할까요? 종종 영화나 드라마에 등장하는 완벽한 기억 능력은 과연 우리 삶을 더 윤택하게 만들어 줄까요? 또한 뇌는 의도적으로 기억을 지웁니다. 일상생활에 영향을 미칠 정도로 괴로운 기억은 떠올릴 수 없도록 해버립니다. 해당 기억을 꺼내야 할 순간이 올 수도 있겠으나 뇌는 당장의 생존을 위해 유리한 방식대로 작동합니다.

그래서 우리는 심리학을 알아야 합니다. 논리적인 추론만으로 인간을 파악하는 데 한계가 있기 때문입니다. 우리의 뇌는 오류의 가능성이 있으며 완벽함보다 효율성을 추구합니다. 그것은 뇌의 최우선 과제인 생존과 적응에 유리한 방식이라서 나쁘다고 볼 수는 없습니다.

우리는 무엇에 집중할지 정할 수는 있습니다. 하지만 주의력은 통제를 벗어날 수 있습니다. 기억 역시 우리가 의미를 부여하고 싶은 대상을 선택할 수는 있겠으나 기억에 남길지 지울지 결정할 수 있는 것은 아닙니다. 지각과 기억은 생존에 유리한 방식으로 작동하고 그것은 우리의 의지가 아닌 뇌가 통제합니다.

이러한 특성을 기획자가 안다면 다양하게 응용할 수 있습니다. 강조하고 싶은 부분이 명확하게 드러나도록 인터페이스를 설계한다거나 더 쉽게 기억하고 떠올릴 수 있게 브랜드 전략을 설정할 수도 있습니다.

이벤트 공지를 생각해 볼까요? 이벤트의 취지, 이벤트 대상, 기간, 혜택, 유의 사항, 다음 이벤트 예고 등 공지에 기재할 내용이 참 많을 것입니다. 여기서 사용자가 관심 있을 내용은 혜택이 무엇인지와 자신이 이벤트 대상에 해당하는지, 이 두 가지입니다. 이벤트 기간은 사용자에게 배너가 보인 이상 이벤트 기간이라는 뜻일 거고, 이벤트 취지나 기획 의도는 사용자가 알아주면 좋겠지만 기업 입장에서만 중요한 내용이죠. 이렇게 생략할 수 있는 내용은 가능한 생략하는 것이 좋습니다. 내용이 '보이기는' 하겠지만 사용자가 내용 전부를 '주의 깊게 관찰할 수는' 없거든요.

지각을 고려한 사용자 인터페이스 설계

그렇다면 눈에 보이는 모든 서비스의 요소에 주의를 기울일 수 없는 사용자를 위해 기획자가 할 일은 무엇일까요? 사용자를 배려하면서도 기획자의 의도 또한 명확히 보여주려면 말이죠. 음악 스트리밍 앱의 UI^User Interface(사용자가 보는 화면)를 설계한다고 해볼까요? 이때 기획자는 눈에 띄게 만들어야 할 정보와 찾기 쉬운 위치에 숨겨두어야 할 요소가 무엇인지

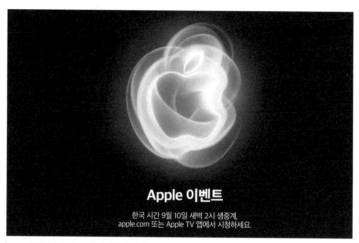

Apple 이벤트

한국 시간 9월 10일 새벽 2시 생중계,
apple.com 또는 Apple TV 앱에서 시청하세요.

애플의 이벤트 배너. 행사 취지, 식순, 연사 소개, 행사 내용의 소개는 생략하고
꼭 필요한 언제, 어디서만 써있습니다. 물론 애플이라서 가능한 일이기도 합니다.

구글과 네이버의 메인 페이지. 구글은 '검색'에 집중하기 위해 불필요한 요소를
모두 제거했습니다. 반면 네이버는 콘텐츠 플랫폼이기 때문에 검색 외에 다른 요소들이
많습니다. 오로지 검색이 목적이라면 구글을 더 쾌적하게 느끼겠죠?

를 결정해야 합니다.

가장 눈에 띄게 만들어야 할 요소는 '재생 중인 곡' 정보와 '재생/일시 정지' 버튼일 겁니다. 빈번하게 사용할 주요 기능이니까요. 이를 화면 하단에 고정된 미니 플레이어 형태로 배치하면 앱 실행 중 빠르게 음악을 제어할 수 있게 됩니다. 또한 '검색' 버튼을 상단에 크게 배치하면 사용자가 원하는 곡을 쉽게 찾을 수도 있겠네요. 이 정도가 이 앱의 필수 요소입니다.

그다음으로는 '최근 재생한 곡', '추천 플레이리스트', '인기 차트' 등이 있습니다. 이것들은 메인 화면에 스크롤 형태로 배치하면 눈에 확 띄지는 않지만 사용자가 원한다면 쉽게 찾을 수 있습니다. 각 구역은 작은 미리보기와 함께 '더 보기' 옵션을 제공하여 상세 페이지로 이동하게끔 하면 조금 더 간결하게 만들 수 있습니다.

마지막으로 '설정', '프로필 관리', '오프라인 모드'와 같은 기능은 햄버거 메뉴(≡)나 프로필 아이콘 내부에 위치시키면 좋겠네요. 그러면 필요할 때 접근하기 편하고 주요 기능에 방해되지 않습니다. 사용자가 주로 사용하기(주의를 두기) 때문에 집중될 요소를 화면에서도 주목되게 설계하는 겁니다. 이렇게 설계된 화면을 우리는 '쾌적하다'고 느낍니다.

기억을 고려한 사용자 인터페이스 설계

또 사용자를 배려하기 위해 기획자가 UI를 설계하면서 고려해야 할 것은 사용자의 '절차기억'입니다. 예를 들어 iOS 기반의 아이폰은 안드로이드 기반의 갤럭시와 달리 '뒤로가기' 버튼이 없습니다. 아이폰 사용자들은 대부분 화면 왼쪽에서 오른쪽으로 엄지를 쓸어 넘기는 스와이프 방식으로 뒤로 돌아갑니다. 따라서 '뒤로가기' 버튼이 있다고 하더라도 좌측 상단에 있는 것이 익숙합니다. 반면 안드로이드 사용자들은 우측 하단에 '취소' 역할을 하는 버튼이 있습니다. 주로 그 버튼으로 뒤로가기 동작을 수행합니다.

| 아이폰의 뒤로가기 동작 | 갤럭시의 취소 버튼 |

스마트폰을 처음 사용할 때야 버튼을 찾아서 기능을 실행하겠지만, 이미 수년 이상 스마트폰을 사용한 사람에게 '뒤로

가기'라는 행동은 절차기억의 영역으로 넘어가 있습니다. 그래서 아이폰 사용자인 저는 가끔 안드로이드폰을 사용하게 되면 '뒤로가기' 기능을 실행하기 위해 습관적으로 스와이프를 하게 됩니다. 반대로 안드로이드 스마트폰 사용자들이 갑자기 아이폰을 사용하게 되면 "도대체 취소는 어떻게 하는 거야?"라며 곤란해하겠지요.

그 밖에도 분명 사용자의 절차기억상에 있는 앱/웹 상호작용 요소가 있습니다. 이미 오랜 시간, 많은 앱과 웹에서 통용되어 익숙해진 메뉴의 위치, 버튼 식별 요소(아이콘, 픽토그램 등), 로그인과 회원가입 버튼의 위치 등이죠. 대부분의 웹페이지가 일관되게 사용하고 있는데 이와 다르게 선보인다면 그것은 개성이나 혁신이 아닌, 불편한 요소가 되기 쉽습니다.

실제로 '확인-취소' 버튼은 순서가 앱마다 달라 불편을 초래하기도 합니다. 확인이 먼저 나오는 경우 PC에서 주로 사용했던 순서대로 왼쪽 확인, 오른쪽 취소가 더 익숙합니다. 사용자가 텍스트를 읽는 순서가 '왼쪽→오른쪽'임을 고려하여 'OK? or Not OK?' 순서로 긍정을 먼저 물어보는 것이 언어적으로도 자연스럽죠.

그러나 이제 모바일 기기를 많이 이용하게 되면서 혹은 애플 OS의 등장과 함께 취소가 먼저 나오는 '취소-확인' 순서의 버튼도 많아졌습니다. 모바일에서 다음 단계는 보통 오른쪽으로 넘어가는데 '확인' 버튼이 왼쪽에 있으면 사용자의 행동과 화면 이동이 일치하지 않아 어색하기 때문입니다. 다른 면에서 살펴보면 긍정하는 버튼인 Right는 '오른쪽'과 동의어이기도 합니다(한국어도 오른쪽은 '옳은 쪽'이라는 어원으로 그 의미가 유사합니다). 왼쪽/오른쪽 버튼 배치에도 이런 고민이 녹아 있는데 앱의 UX를 설계할 때 절차기억의 익숙함은 결코 무시할 수 없겠죠?

기억과 브랜딩

사용자의 지각과 기억을 배려한 기획으로 사용자의 기억에 저장된다면 이는 브랜딩으로 이어질 수 있습니다. '브랜딩'은 소비자가 브랜드를 '기억'하게 만드는 과정이니까요.

일반적으로 브랜딩은 소비자에게 일관된 방향을 가진 정체성을 지속해서 보여줍니다. 노출된 브랜드 이미지는 특정 요소와 결합하여 사용자에게 학습되죠. 브랜드와 결합하는 특정 요소는 정서, 색상, 물건 등 다양할 수 있습니다. '볼보-안전', '애플-심플', '코카콜라-빨간색', '스카치-투명 테이프'와 같은 방식으로요.

저는 브랜드란 '반복되고 일관된 자극에 대한 노출로 무의식에 각인된 기억의 집합체'라고 생각합니다. 기억이 아니고 '기억의 집합체'라고 한 이유는 브랜드에 대한 기억이 객관적인 정보보다는 인상에 가깝기 때문입니다. 스타벅스에 대한 기억은 '1971년도에 설립된 다국적 커피전문점'이 아니라 '초록색, 어딜 가나 하나쯤 있음, 사이렌 오더로 편하게 주문 가능, 규모가 있는 쾌적한 매장, 프리퀀시 굿즈'와 같은 인상의 묶음에 가깝습니다. 위키백과에 나올 법한 다국적 커피전문점이라는 브랜드의 정의를 기억하기보다 파편화된 인상을 기억하는 것이 더 최적화된 방식이기 때문입니다.

브랜드에 대한 인상은 의미기억과 일화기억의 중간지점에 있습니다. 예를 들어 '교보'라는 기업에 대해 '서점을 운영하는 브랜드, 장학재단, 보험사' 정도는 의미기억 영역입니다. 여기에 '교보문고 향 디퓨저, 책을 많이 읽을 것 같은 직원들, 광화문 글판, 독립운동가 기업' 같은 인상은 일화기억의 영역이지요. 브랜드에 대한 지식과 브랜드 관련 경험이 어느 정도 섞인 상태라고 할 수 있습니다.

브랜드에 대한 정의는 기본적으로 의미기억이지만, 그 지식 차원을 넘어 브랜드와 얽힌 일화기억으로 옮겨갈수록 강력한 브랜딩이 됩니다. 저는 사실 대학교, 대학원 생활 내내 교보교육재단의 장학생이었는데요. '키다리 아저씨' 같은 재단의 국장님과 담당자 덕분에 저에게 교보는 의미기억이 아닌 일화기억의 영역에 존재합니다. 그래서 다른 어떤 브랜드보다 강렬한 기억과 애정이 있습니다.

우리가 갖는 브랜드에 대한 강렬한 기억은 대부분 일화기억과 관련이 깊습니다. 브랜드 컬러와 로고를 고민하고 브랜드 철학을 고도화하는 것도 중요하지만 실질적으로 브랜드가 소비자들에게 전하는 경험과 브랜드의 스토리텔링이 더욱 중요한 이유가 여기에 있습니다.

좋은 UX도 브랜딩 요소가 될 수 있을까

사용자 경험은 브랜딩의 요소보다는 서비스 운영의 요소로 여기는 경우가 많습니다. 하지만 저는 좋은 UX 자체로도 브랜딩이 가능하다고 생각합니다.

좋은 사용자 경험으로 브랜딩에 성공한 대표적인 기업이 '토스'입니다. 토스가 기존 1금융권 은행에 비해 재정적으로 안정적이라거나 금리가 압도적으로 유리하거나 하는 명시적인 차이는 그다지 크지 않습니다. 다만 압도적으로 편리한 사용자 경험을 보여주지요. 토스는 기존의 4~5개, 많으면 10개가 넘어가던 금융 앱을 단 하나의 앱으로 가능케 했습니다. 또한 지점 방문 없이 모든 업무를 온라인에서 처리할 수 있게

했지요. 특히 어려운 금융 용어를 아주 쉽게 설명합니다. 이 부분에서 가장 크게 우위를 점했죠. 그래서 국내 UX 라이팅 사례를 이야기할 때 토스는 단골손님입니다. 기존 UX 라이팅이 사용자 경험 개선에 초점을 맞췄다면 이제는 우리 브랜드만의 '톤앤매너'가 반영된 텍스트로 넘어간 것이 느껴집니다.

요즘은 UX 외에도 CX(고객 경험), BX(브랜드 경험)라는 용어가 등장했습니다.◈ UX 영역의 논의가 다소 디자인 요소에 치중되다 보니 좀 더 포괄적인 개념의 경험을 다루려 CX라는 용어가 등장했고, BX 역시 브랜드의 총체적인 경험을 다룬다는 접근으로 파생되어 생겨났죠.

하지만 이것들을 구분하는 것은 기업 관점의 접근입니다. 실제 사용자는 UX인지, CX인지, BX인지 구분하지 않습니다. 그저 긍정적이거나 부정적으로 경험을 다르게 기억할 뿐입니다. 그래서 다양한 경로에서 만날 수 있는 절차, 이미지, 텍스트 등의 요소를 그 브랜드만의 일관된 톤앤매너로 전달할 수 있다면 그것만으로도 독특한 브랜드 경험을 전달할 수

◈ UX, CX(Customer Experience), BX(Brand Experience)는 서로 연결된 개념이지만 초점이 다릅니다. UX는 사용자가 제품이나 서비스를 사용할 때 느끼는 경험으로 인터페이스, 기능성, 사용 편의성에 초점을 둡니다. CX는 고객과 브랜드 간 모든 접점에서의 경험을 포괄하며 구매 과정, 서비스 품질, 고객 지원 등을 포함합니다. BX는 브랜드가 고객에게 전달하는 전체적인 인상과 정체성으로 감성적 연결, 일관된 메시지, 브랜드 가치 등이 중심입니다.

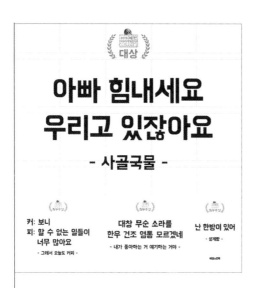

배민을 빼놓을 수 없습니다. 재치 있는 문장은 배민의 개성이지요. 지금은 당근이 된 당근마켓도 초창기에는 "~했습니당"이라는 말투를 사용했던 것으로 기억합니다. 지금은 '~해요'라는 문체로 통일한 것으로 보이지만요. 좀 아쉬움이 있습니다. '했당체'는 당근만 쓸 수 있는 문장이니까요.

토스를 필두로 '해요'를 쓰는 것이 친근한 UX의 대명사로 자리 잡은 듯합니다. 하지만 여전히 '습니다'가 어울리는 상황과 브랜드도 있습니다(정중하거나 엄숙한 상황을 많이 다루는 브랜드, 프리미엄을 지향하는 브랜드 등). 이제 더 이상 '친근한 해요체'는 개성이 될 수 없어 보이는데, 이런 상황에서 브랜드만의 톤앤매너를 원한다면 브랜드만의 개성에 더 집중해야 하지 않을까요? 정형화된 UX를 마치 정답처럼 여기고 추구한다면, UX로 하는 브랜딩, 즉 우리만의 독특한 사용자 경험은 오히려 제공하기가 어려워집니다.

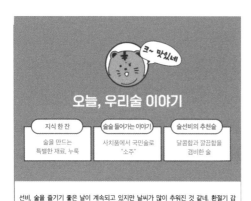

'~하네', '~하시게'와 같은 사극체를 사용하는 술호랑. '좋아하는 술을 마시다가 호랑이가 되어버린 선비가 소개해 주는 술 이야기'라는 콘셉트를 재치 있게 전달합니다.

있는 거죠.

기획자는 브랜드 경험을 인지(지각)로 시작해 브랜드 인상 형성(기억)으로 끝맺을 수 있도록 기획해야 합니다. 그렇다면 경험의 과정에는 어떤 심리학 요소가 들어있을까요?

설계한 자유 안에서 선택하기

선택과 행동을 반복하는 것이 '경험'입니다. 우리 일상은 선택의 연속이죠. 어떤 옷을 입을지, 점심은 뭘 먹을지, 핸드폰을 열어 어떤 음악을 들을지, 누구를 만날지, 집에 돌아갈 때는 지하철을 탈지 택시를 탈지 등을 선택합니다. 배달 음식을 주문할 때조차 특정 배달 앱을 선택한 다음 메뉴, 매장, 결제 수단 등을 선택해야 합니다.

심리학에서는 '판단과 의사결정'이라는 제목으로 선택을 다룹니다. 우리가 어떤 행동을 하기 위해서는 여러 선택지에서 적절하게 판단하고 결정해야 하는데요. 하루 평균 221개의 결정을 내린다고 합니다. 어느 연구에서는 성인 기준 하루 평균 70개의 결정을 한다고도 하죠. 또 다른 연구에서는 우리 뇌가 하루에 무려 3만 5,000개의 결정을 한다고 추정합니다.

사람은 하루에도 수없이 많은 선택을 하고 이 결정에 따라 우리의 하루는 달라집니다.

합리적이라는 환상

◈

우리는 늘 합리적인 선택을 한다고 생각합니다. 그럴 만하지요. 스마트 워치 하나를 사더라도 디자인, 가격, 기존 기기와의 호환성, 실용성 등 다양한 기준을 세우고 여러 가지 옵션을 비교한 뒤 결정하니까요. 이성적인 판단의 과정을 거쳤기 때문에 그 선택이 합리적이라고 믿게 됩니다.

다양한 선택지 중 가장 효용이 높은 것을 선택한다는 '기대효용이론Expected Utility Theory'에서는 모든 경제주체는 합리적인 의사결정을 한다고 주장합니다. 하지만 기대효용이론은 많은 비판을 받습니다. 인간의 선택이 합리적이지만은 않다는 것이죠. 심리학 역시 인간의 선택이 항상 합리적이지는 않다고 말합니다. 우리는 합리적인 것이 아니라 스스로 합리적이라 믿고 있을 뿐이라고요. 실제로도 비합리적인 선택을 설명하는 이론이나 연구가 많습니다. 몇 가지를 살펴볼까요?

인지 자원: 에너지는 한정적이다

복잡한 인지 과정인 선택에는 에너지가 소모됩니다. '인지' 란 자극을 받아들이고 산출하는 일련의 정신 과정을 일컫습니다. 흔히 '생각'이라는 것이지요. 일반적으로 체중의 2%를 차지하는 뇌가 에너지의 20%를 사용한다고 합니다. 생각은 에너지가 필요합니다. 그리고 심리학은 생각에 필요한 에너지를 '인지 자원'이라고 부릅니다.

그런데 인지 자원은 무한하지 않습니다. 사람마다 총량이 다를 수는 있지만 그 양은 한정적입니다. 이 에너지는 주의력, 기억력, 판단력 등 전반적인 인지 과정에 소모되고 복잡할수록 더 많이 소모합니다. 소모된 후에는 충전할 시간이 필요하고 하루에 쓸 수 있는 인지 자원 또한 한계가 있습니다. 사고력, 판단 능력뿐만 아니라 인내심과 같이 우리가 정신력이라고 부르는 것은 눈에 보이지 않아 무한하게 느껴지지만, 사실 한계가 있고 매 순간 소모되고 있습니다. 우리의 뇌에서 지각과 기억이 최적화된 방식으로 작동하는 것도 인지 자원의 양이 한정적이라서입니다.

게다가 한 번에 처리할 수 있는 정보량에는 한계가 있어서 여러 작업을 동시에 하면 각각 따로 할 때만큼 완벽하게 수행하기 힘듭니다. 심지어 우리는 오른손으로 삼각형을 그리면서 동시에 왼손으로 사각형을 그리는 단순한 작업조차 힘들어합니다. (허공에 대고 시도해 보세요. 성공했나요?)

그래서인지 인간은 종종 비합리적인 선택을 합니다. '제한된 합리성 이론Bounded Rationality Theory'은 인간이 합리적인 존재임을 전제하지만 때로는 합리적이지 않은 선택을 한다고 설명합니다. 한정된 인지 자원으로는 모든 선택지를 검토할 수 없어서 완벽한 선택보다는 적정 수준의 만족할 만한 선택을 한다고요. 스마트 워치를 산다면 세상에 존재하는 모든 스마트 워치를 비교하는 것이 아니라 '충분히 만족할 만한 스마트 워치'를 찾는 수준에서 결정을 내린다는 뜻입니다. 쇼핑몰에서 'MD의 추천', '많은 사용자가 둘러본 상품' 등으로 묶어 사용자가 상품을 전부 둘러볼 필요 없이 어느 정도 추려진 범위 안에서 선택할 수 있도록 하는 것도 이 이론에 기반한 전략이라고 볼 수 있습니다.

반면 '이중 과정 이론Dual Process Theory'은 인간의 의사결정 과정을 두 가지 경로로 나누어 설명합니다. 이 경로를 시스템이라고 부르며, 빠르고 자동적이고 직관적 사고를 하는 '시스템 1'과 느리고 논리적이고 분석적 사고를 하는 '시스템 2'로 나눕니다. 우리가 앞에서 배운 절차기억이 시스템 1의 대표적인 사례입니다. 앞에서는 자전거 타기를 예로 들었죠? 타이핑도 그렇고 운전도 마찬가지입니다. 처음에는 주의를 기울여

신중하게 사고(시스템 2)하겠지만 익숙해지거나 숙달되면 자동처리(시스템 1)하게 됩니다. 이중 과정 이론 역시 한정된 인지 자원을 효율적으로 사용하는 방식으로 판단과 의사결정을 설명하고 있습니다.

세상을 보는 창, 프레임

인지 자원 외에도 선택에 영향을 미치는 요소가 있습니다. 바로 프레임Frame인데요. 사실 인지 과정에도 프레임이 작용합니다. 프레임은 사람들이 정보를 해석하고 의미를 부여하는 방식에 영향을 미칩니다. 마치 네모난 액자를 통해 세상을 보고 세상이 네모나다고 생각하는 것과 같습니다.

우리의 선택은 다양한 정보로 형성된 프레임의 영향을 받습니다. 예를 들어 어떤 제품에 대해 '90%의 고객이 만족했다'고 하는 것과 '10%의 고객이 불만족했다'고 하는 것은 같은 정보이지만 다르게 받아들여질 수 있습니다. 전자는 긍정적으로 느껴지지만 후자는 부정적인 인상을 주기 쉽죠. 인간은 같은 양일지라도 이득보다 손실을 더 크게 느끼기 때문입니다.

예시를 바꿔볼까요? 의사가 수술의 위험성을 설명하면서 "성공률이 90%이니 안심하세요."라고 하는 것과 "실패율이

10%이니 안심하세요."라고 하는 것의 차이를 상상해 보세요. 성공률 90%는 안심이 되지만 실패율 10%는 왠지 두렵게 느껴지지 않나요?

이 외에 정보가 제시되는 순서도 다른 프레임을 형성할 수 있습니다. 가령 다음과 같은 디자이너 A와 B가 있습니다.

> **디자이너 A 씨**
>
> A 씨는 열정적이고 창의적인 디자이너입니다. 그는 고객의 요구를 잘 반영하면서도 혁신적인 아이디어를 제시하는 능력이 뛰어납니다. 여가 시간에는 봉사활동을 하며 사회에 기여하고, 피아노 연주를 즐기며 예술적 감각을 키워갑니다. 다만 고집이 세고 비판적일 때도 있어 협업 과정에서 팀원들과 마찰을 겪는 때가 종종 있습니다.

> **디자이너 B 씨**
>
> B 씨는 고집이 세고 비판적입니다. 이 때문에 팀원들과 협업 과정에서 마찰을 겪는 경우가 종종 있습니다. 여가 시간에는 봉사활동과 피아노 연주를 통해 사회적, 예술적 활동을 이어가며 성취감을 느낍니다. 또한 디자이너로서 고객의 요구를 잘 반영하고, 혁신적인 아이디어를 제시하는 능력이 뛰어납니다.

디자이너 A 씨와 B 씨 중 누구와 일을 하고 싶나요(A 씨와 B 씨는 동일한 사람입니다. 순서만 달리해서 소개했을 뿐이죠)? 아무

래도 A 씨보다 B 씨에 대한 인상이 안 좋게 형성되기 쉽습니다. 처음 제시된 문장이 프레임의 역할을 하여 뒤에 오는 설명을 다르게 인식되게 만든 것입니다.

감정 역시 프레임으로 작용할 수 있습니다. 같은 음식이라도 연인이 해준 것과 싫어하는 사람이 해준 것을 먹을 때 맛에 대한 평가가 달라질 수 있으니까요.

2023년 8월, 지역 기반 중고 거래 플랫폼 '당근마켓'이 '당근'으로 서비스명을 바꾸었습니다. 중고 거래를 넘어 지역 생활 커뮤니티 역할을 하겠다는 의도였죠. 그 의도에 맞게 중고 거래뿐 아니라 아르바이트 구인/구직, 동네 생활 게시판 등 중고 거래 이외의 기능을 활성화하려 노력하고 있습니다. 사실 당근마켓이든 당근이든 지역 커뮤니티 사업은 할 수 있습니다. 하지만 일반명사임에도 '당근'으로 이름을 바꾼 데는 '마켓'이라는 이름이 주는 프레임의 영향에 대한 고려도 있었을 겁니다.

지금까지 인간의 선택이 늘 합리적이지 않음을 시사하는 이론을 소개했습니다. 그런데 심지어 우리에게는 비합리적인 선택을 위한 도구도 있습니다.

비합리적 선택의 도구 휴리스틱

'휴리스틱Heuristic'은 복잡한 문제를 빠르게 해결하거나 신속한 판단을 내리기 위한 인지 전략입니다. 완벽한 판단이나 심사숙고의 과정을 거치기보다 경험이나 직관적 단서를 근거로 나름의 규칙을 만들고 그 규칙에 따라 빠르게 판단을 내리는 것이죠. 휴리스틱은 판단에 필요한 에너지나 시간을 크게 아껴줄 수 있습니다. 인지 자원을 아끼기 위한 본능적인 전략이라고도 할 수 있습니다.

예를 들어 처음 제시된 가격은 상품 가치 판단에 영향을 줄 수 있습니다. 기준점이 되기 때문입니다. 이 현상을 설명한 것이 '조정 휴리스틱Adjustment Heuristic'입니다. 보통 협상할 때 처음 제시한 가격이 이후 협상의 기준이 되지요. 7만 원이 정가인 마우스와 10만 원이 정가이지만 30% 할인을 해서 7만 원에 구매할 수 있는 마우스, 두 가지 옵션이 있다면 대부분은 후자를 선호하게 됩니다.

때로는 대표적인 이미지나 고정관념이 판단에 영향을 미칠 수도 있습니다. 혹시 개발자를 상상할 때 후드티를 입고 거북목에 안경을 쓴 모습이 떠올랐나요? 이를 '대표성 휴리스틱Representativeness Heuristic'이라고 합니다. '흑인은 운동신경이 좋고 노래를 잘한다', '한국인은 K-팝을 좋아하고 성격이 급하다'라는 편견도 대표성 휴리스틱에 의해 발생한 고정관념이지요.

마지막으로 하나만 더 볼까요? '가용성 휴리스틱^{Availability Heuristic}'이라는 이론도 있습니다. 가용, 즉 사용할 수 있는 정보가 다른 판단에 영향을 미친다는 뜻입니다. 사용할 수 있다는 건 쉽게 떠올릴 수 있다는 말과 같습니다. 사람들은 '떠올리기 쉽다'를 판단의 근거로 삼는 경향이 있습니다. 영어단어 중 맨 뒤 세 글자가 '–n–'인 단어는 몇 개나 될까요? 흠…, 대강 많을 것 같죠? 이번엔 마지막이 '–ing'로 끝나는 단어는 몇 개나 될지 떠올려 보세요. 왠지 아주 많을 것 같습니다. 사실 ing 단어는 '–n–' 단어에 포함되는 조건이죠. 그러니까 전자가 후자보다 훨씬 많을 수밖에 없습니다. 하지만 우리는 후자가 더 익숙하니 ing로 끝나는 단어가 더 많다고 생각합니다. 쉽게 떠올릴 수 있는 예시가 많으니 실제로 더 많을 거로 느껴지는 겁니다.

가용성 휴리스틱은 기획자가 주의해야 할 판단 오류와 관련이 깊습니다. '생존자 편향^{Survivorship Bias}'이라는 현상이 생길 수 있기 때문이죠. 제2차 세계대전 중에 미 공군은 전투기의 생존율을 높이기 위해 생환한 전투기의 탄환 자국을 분석했습니다. 그러고는 날개와 동체 후미에 탄환 자국이 집중되어 있음을 발견하고는 탄환을 많이 맞는 부분에 보강판을 덧대는 작업을 했습니다. 하지만 통계학자 아브라함 왈드가 판단의 오류를 지적합니다. 미 공군의 분석은 생존해서 돌아온 전투기의 탄환 자국만을 조사한 것으로 정작 무사히 귀환하지 못한 전투기는 연구에 포함되지 않았다고요. 오히려 조종석과 엔진룸에 탄환의 흔적이 없는 것은 그곳에 탄환을 맞은 비행기가 복귀하지 못한 것이라고 예상할 수 있습니다. 따라서 조종석과 엔진룸 부근에 보강판을 덧대야 한다고 정반대의 주장을 합니다. 실제로 이후 조종석과 엔진룸에 보강판을 덧댄 전투기의 생존율이 향상됐다고 합니다.

눈에 보이는 정보만을 판단의 기준으로 삼으면 위험할 수 있습니다. 정작 중요한 정보는 눈에 보이지 않기 때문입니다. 이를 사용자 경험의 측면으로 가져오면, 기획자는 사용자들이 제기한 서비스 불만을 그대로 수용해서는 안 됩니다. 소비자 불만 사항을 서비스 평가로 판단하는 것은 생존한 전투기만을 기준으로 삼는 것과 비슷합니다. 불만이 아닌 만족감을 느낀 사용자가 얼마나 되는지 알 수 없기 때문입니다. 서비스에 만족하는 사용자는 굳이 목소리를 낼 이유가 없으니 그들의 의견은 기획자 눈에 보이지 않고 숨어있을 확률이 높습니다.

소수의 목소리$^{VoC◈}$에 집중하면 일부 사용자가 서비스 전체에 영향을 주게 됩니다. 서비스에 별 불만이 없던 사용자들이 오히려 불편해지는 결과를 초래할 수 있지요. 물론 침묵하는 사용자가 서비스에 만족스러워서 별다른 의견이 없는지, 불편하지만 말하지 않는 건지, 굳이 의견을 내지 않고 다른 서비스로 떠나서인지 등도 고려해야 합니다. 이럴 땐 다양한 여러 가능성을 고민하고 가설을 세워 검증하는 과정이 필요합니다.

선택의 설계에 따라 달라지는 경험

지금까지 우리의 경험이 선택을 통해 진행되고 그 선택이 늘 합리적이지만은 않고 오히려 비합리적일 때가 더 많다는 점을 이야기했습니다. 경험 설계는 곧 연속된 선택을 설계하는 것이므로 설계에 따라 경험의 과정이 달라질 수 있습니다. 저는 요식업 프렌차이즈의 배달주문 앱을 비교하는 과제에서 선택의 설계에 따라 달라지는 앱 사용 경험을 분석한

◈　　　Voice Of Customer. 컴플레인, 불만사항, 건의사항 등 고객의 소리를 통칭하는 용어입니다.

적이 있는데요. 이때 각각의 앱은 배달의민족 같은 플랫폼을 거치지 않고 자체 앱 서비스를 운영했습니다. 과제는 앱 실행부터 주문을 완료하기까지의 경험을 비교 분석하여 각 앱의 차이점과 장단점을 논하는 것이었죠. 저는 전체 주문 과정 중 몇 번의 선택을 요구하는지, 그에 따라 인지 자원의 소모량 차이는 어떻게 되는지, 어떤 휴리스틱을 유도하는지 등을 비교했습니다.

A브랜드 앱은 접속하자마자 '쿠폰 받고 주문하기'라는 이벤트 팝업이 뜹니다. 사용자는 팝업을 닫고 홈으로 갈 것인지 '쿠폰 받고 주문하기'를 눌러 들어갈 것인지 선택하고, 배달과 픽업, 주문유형을 이어서 선택합니다. 배달을 선택하면 기본정보로 저장된 배달지가 자동 입력되면서 메뉴 선택 화면으로 진입하고 픽업을 선택하면 메뉴 선택 화면으로 진입합니다. 메뉴 선택 이후에는 세트 업그레이드 여부를 선택하고, 이후 결제 수단을 선택하면 주문이 완료됩니다. 주문 완료까지 이벤트 팝업, 주문유형, 메뉴, 업그레이드 여부, 결제 수단으로 총 5번의 선택이 있는 거죠.

반면 B브랜드는 이벤트가 팝업이 아니라 배너 형태입니다. 굳이 선택을 강요하지 않습니다. 이후 주문유형을 선택하면 다음엔 주문할 매장을 선택하게 합니다. A브랜드는 가까운 매장으로 자동 연결했지만 B브랜드에선 선택이 한 번 더 추가된 것이지요. 이후 메뉴를 선택하기 전에 메뉴 카테고리를 선택해야 합니다. A브랜드에서는 바로 각 메뉴 리스트가 보였다면 B브랜드는 메뉴 선택 전에 음료와 사이드 메뉴, 본 메뉴를 고르도록 선택을 거친다는 뜻입니다. 이후 메뉴의 옵션을 선택해야 하고 주문 단계에서는 기타 요청 사항과 쿠폰 적용을 묻습니다. A브랜드는 사용자가 버튼을 누르지 않으면 굳이 묻지 않았죠. 마지막으로는 결제 수단을 선택하면 주문이 끝납니다. B브랜드의 주문 완료까지의 선택 과정은 주문 유형, 매장, 메뉴 카테고리, 메뉴, 옵션, 요청 사항, 결제 수단까지 7번의 선택을 거치게 됩니다.

A브랜드 주문 과정	선택 요구	B브랜드 주문 과정	선택 요구
이벤트 팝업	O	메인화면(이벤트 배너)	
메인화면		주문 유형 선택	O
주문 유형 선택	O	매장 선택	O
배달지 자동설정		메뉴 카테고리 선택	O
메뉴 선택	O	메뉴 선택	O
업그레이드 여부 선택	O	메뉴 옵션 선택	O
주문하기(요청사항)		주문하기	
결제(결제수단 선택)	O	요청사항, 쿠폰 선택	O
주문 완료		결제(결제수단 선택)	O
		주문 완료	
선택 횟수	5회	선택 횟수	7회

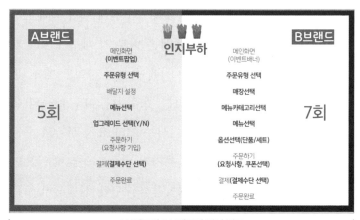

A브랜드와 B브랜드의 배너 비교

A브랜드보다 B브랜드가 선택 과정이 많습니다. 그만큼 자유도가 높을 순 있지만 사용자의 이용은 복잡해집니다. 예상 행동의 경우의 수는 선택지가 늘어날수록 함께 증가합니다. 인지 자원 소모의 측면에서 사용자가 누리는 자율성은 오히려 독이 될 수 있습니다. 많은 선택지는 에너지를 더 소모하게 만드니까요. 많은 선택지보다 최적의 선택을 돕는 편이 더 낫습니다.

실제로 B브랜드는 많은 정보를 소개하다 보니 정작 중요한 정보가 눈에 들어오지 않는 불편함이 있었습니다. A브랜드의 주문 내역에는 주문 상태, 주문 취소 버튼, 주문 내역, 배송 주소, 매장 정보와 결제 내역으로 6가지 정보가 있었던 반면 B브랜드는 주문 방식, 주문 상태, 지점 이름, 배달 주소, 주문 일시, 주문 번호, 매장 전화번호, 주문 취소 버튼, 주문 내역, 결제 내역, 요청 사항 등 11가지 정보가 한 화면에 담겼습니다. 정보가 많아서 사용자가 가장 궁금한 '배달은 언제 된다는 거지?'는 정작 눈에 들어오지 않았죠.

또한 A브랜드는 '5,000원 할인!'이라며 할인을 강조한다면 B브랜드는 할인 적용된 실구매 가격을 강조했습니다. 즉 A브랜드는 소비자가 아낄 수 있는 금액을, B브랜드는 결제 금액을 안내하고 있었지요. 지불할 실제 금액을 바로 알 수 있는 B브랜드가 편리할 수도 있겠지만 소비자의 이득을 강조한 A브랜드의 이벤트 안내가 더 매력적이었습니다. 휴리스틱을 적절하게 사용한 것은 A브랜드, 더 직관적인 사용자 경험은 B브랜드라고 할 수 있겠네요.

최대한 선택지를 많이 주어 소비자 니즈를 파악하는 것과 최소한의 선택지를 주어서 편하고 일관된 경험을 제공하는 것 중 어느 방법이 더 좋을까요? 정답은 없습니다. 기획자라면 자신이 설계하는 지향점에 따라 달라질 수 있지요. 세세한 맞춤형 경험을 제공하기 위해 선택지 수를 늘리는 것과 많으면 많을수록 좋을 것 같아서 선택지가 늘리는 것은 비슷해 보여도 결과가 다릅니다. 만일 브랜드의 목표가 '세세한 맞춤 경

필요한 정보를 한참 찾아야 할 것 같은 화면의 예시.
선택지와 정보가 많다고 좋은 경험이 만들어지는 것은 아닙니다.
(https://www.mockplus.com/blog/post/bad-ux-design-examples)

험'이 아니라 '쾌적하고 간결한 경험'이라면 선택지 수는 줄
이는 것이 좋습니다.

오프라인과 온라인에서의 선택 설계

앱 사용과 같은 디지털 환경은 선택지를 제한해서 행동
을 유도하기가 유리합니다. 반면 오프라인에서는 시선을 조
금만 돌려도 선택지가 여럿 보이고, 다른 사용자로 인해 생

각지도 않은 선택을 할 수도 있어서 선택지가 극단적으로 많아집니다.

미술 전시회라는 상황을 가정해 봅시다. 전시회장에서 관람객은 기획자의 의도대로 움직이지 않습니다. 기획자가 설계한 동선대로 움직이게끔 1관, 2관, 3관이라는 이름을 붙이고 전시장 바닥에 관람 순서를 안내하는 화살표를 붙이지만, 관람객은 눈에 띄는 작품이 있으면 이를 먼저 보기 위해 이동할 수 있습니다. 관람 속도도 문제입니다. 순차적으로 관람하고 싶더라도 혼잡한 주말에 방문하면 사람들이 몰려있는 작품은 멀리서 슬쩍 보고 지나가거나 사람들이 빠지기를 기다려야 하기 때문입니다. 또한 포토존에서 차례를 지키지 않거나 대기하는 줄을 잘못 서서 통행에 지장을 준다거나 음료수를 바닥에 쏟거나 하면 그로 인한 소란이 발생할 수도 있습니다.

반면 온라인에서는 위험 요소가 적습니다. 사람이 몰리더라도 트래픽 서버가 충분하다면 문제가 되지 않습니다. 다른 관람객으로 인해 관람을 방해받을 일도 없죠. 물론 사진을 남길 일도, 사진을 남기려다 통행에 지장을 줄 일도 없습니다. 그저 기획자가 배치한 대로 버튼을 누르며 작품을 감상할 뿐입니다. 하지만 한 방향으로 흐른다는 단점은 기획자가 입체적인 경험을 만들어줄 인터렉션 콘텐츠로 온라인 전시를 구상하여 보강할 수 있습니다. 작품 선택에 따라 다음 작품이 달라지게 한다거나 작품마다 화면 밝기를 다르게 한다거나요. 그렇더라도 오프라인만큼의 자유는 누릴 수 없습니다.

자율성이 없다는 게 부정적인 뉘앙스로 느껴질 수도 있겠지만 그만큼 기획자의 의도가 제대로 전달될 수 있다는 긍정적 해석도 가능합니다. 무엇이 좋고 나쁘다기보다는 주어진 환경에서 기획자의 의도를 전달하는 방식과 참가자 감상의 폭을 통제하는 정도를 다르게 하는 것이죠. 즉 참가자를 다양하게 즐기게 하고 싶다면, 관람 순서를 정해놓고 다음 버튼으로 연속해서 넘어가게 하는 것이 아니라 작품의 전체 목록을 섬네일 형식으로 제공하고 순서와 무관하게 보고 싶은 작품 혹은 보고 싶은 작품만 골라볼 수 있게 관람의 자유도를 주는 것이 좋습니다. 그러면 참가자의 자유도가 올라가면서 감상도 다양해집니다.

온라인 전시기획이 참가자가 경험할 수 있는 경우의 수를 예상하여 만들고 제공하는 방식이라면, 오프라인의 전시기획은 그와 더불어 불필요한 경험이 생기지 않게 예방하는 방향의 대안도 필요합니다. 통제할 수 없는 변수도 사용자의 지각, 기억, 선택 등에 영향을 미칠 수 있습니다. 뒤에 이어질 내용은 경험에 영향을 미치는 요소에 대한 이야기입니다.

따로 또 함께 모두를 위한 UX

지금까지 개인의 인지 체계 안에서 발생하는 개인적인 '경험'에 대해 이야기했습니다. 하지만 개인적인 경험이라고 해서 타인의 영향에서 자유로운 건 아닙니다. 예를 들어 사람들이 붐비는 곳을 보고 '아, 저기 재미있는 게 있나 보다'라고 생각하게 되는 것처럼요. 이렇듯 오프라인에서는 타인의 존재가 눈에 보이고 손에 잡히기 때문에 밀집도가 직관적으로 느껴집니다. 온라인에서는 어떤가요? 구매 수와 리뷰 수를 통해 '이 상품이 인기가 있나 보다'라고 간접적으로 느낍니다.

오프라인에는 안내자가 있습니다. 가게라면 사장님, 전시회라면 도슨트, 축제라면 스태프 등 공간을 관리하고 '무엇을 어떻게 하면 되는지'를 알려줄 사람이 대부분 상주합니다 (무인 공간은 제외하고요). 하지만 온라인에서는 별도의 안내 없

무엇을 도와 드릴까요?

옵션(<u>O</u>)   찾기(<u>S</u>)

MS 오피스(Microsoft Office) 예전 버전에 등장했던 오피스 길잡이. 부르지 않아도 먼저 튀어나와서 설명해 주거나 도움이 필요한지 묻기도 했습니다. 온라인(디지털) 경험이 익숙하지 않은 시절에 오프라인 경험을 모방한 형태라고 생각합니다. 요즘은 챗봇을 사용한다지만 도움을 주겠다고 먼저 튀어나오진 않죠.

이 스스로 해가는 것을 전제로 합니다.

요즘은 대부분 서비스가 온라인으로 처리됩니다. 이제 디지털 환경에서 불가능한 것은 '몸으로 겪는 체험 서비스' 밖에 없다고 해도 과언이 아닙니다. 그러나 경험이 디지털로 전환되었어도 우리는 여전히 타인의 영향을 받습니다.

우리는 따라 하고 싶어 한다

인간의 학습은 모방으로부터 시작됩니다. 우리는 부모님의 입 모양을 따라 하면서 말을 배우고, 어른의 행동을 흉내 내는 놀이를 하면서 사회적 역할이라는 개념을 익히고, 어른이 되어서는 선배를 따라 하면서 일을 배웁니다. 인간은 사회적인 존재이기에 사람들의 행동에 예민하게 반응합니다. 심지어 다수가 한다는 이유만으로 행동을 따라 하기도 합니다. 이러한 현상을 '동조Conformity'라고 합니다.

동조와 관련한 유명한 실험이 있습니다. 미국의 심리학자 솔로몬 애쉬의 '동조 실험'인데요. 실험 내용은 간단합니다. 아래 그림에서 왼쪽 선과 길이가 동일한 선을 오른쪽 A, B, C 중에서 고르면 됩니다. 답은 C이죠. 솔로몬 애쉬는 정답이 명백하게 보이는 상황에서도 동조 현상이 일어나는지 관찰하기 위해 실험을 설계했습니다.

실험실에는 일곱 명의 참가자가 있습니다. 이 중 여섯 명은 사전에 섭외한 연기자이며 실제 실험 대상인 참가자는 단 한 명입니다. 정답이 C임에도 불구하고 왼쪽부터

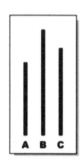

애쉬의 동조 실험에 사용된 카드

실험 대기 중인 참가자들. 실제 피험자는 한 명(화살표)이고
나머지는 연기자들입니다. 당황한 참가자는 자신의 눈을 의심하기 시작하다가
끝내 다른 사람들을 따라 대답합니다.

차례대로 모두가 B라고 대답합니다. 드디어 실제 참가자의 차례가 되자 그도 B라고 답합니다. 참가자가 소심해서 그런 걸까요? 이 실험의 결과, 무려 74%의 참가자가 사회적 압력을 이기지 못하고 집단에 동조하여 틀린 답을 말했습니다.

사람들이 다 하니까

인간의 행동은 타인의 반응이라는 '사회적 증거'의 영향을 받습니다. 위의 실험처럼 답을 정확히 알고도 타인을 따라 행동하지요. 때로 우리는 자신의 인지능력보다 사회적 증거를 더 강력하게 믿기도 합니다. 심지어 아무 의미 없는 행동을 하고 전파까지 합니다.

내셔널지오그래픽 채널에서 2015년 방영한 〈브레인게임〉 시즌 4에서 '애쉬의 동조 실험'과 유사한 실험을 진행했습니다. 사람들이 가득 찬 진료 대기실에 한 참가자가 들어옵니다. 물론 기존에 앉아 있던 대기자들은 모두 연기자들이지요. 갑자기 어딘가에서 '삐-' 하는 소리가 들립니다. 그러자 대기실에 있던 사람들 모두가 자리에서 일어났다가 앉습니다. 아무 것도 모르는 참가자는 처음에는 어리둥절하게 상황을 지켜보다가 이내 삐 소리가 들리면 다른 사람들과 같이 자리에서 일

겨우 세 번 만에
이유도 모르는 상태에서

이 여성은 집단에
완벽히 동조하고 있습니다.

왜 일어나는 거예요?

다들 그렇게 해서
저도 해야 할 것 같았어요.

아무것도 모르는 환자들이
계속해서 진료소로 들어옵니다.

이제는 모든 대기자에게
당연한 사회 규범이 되었습니다.

'삐-' 소리가 난 후 여러분이라면?

어났다가 앉는 행동에 동참합니다.

위 실험에서 흥미로운 점은 연기자가 모두 떠나고 참가자
혼자 대기실에 남았을 때도 여전히 그 행동을 반복하는 장면
입니다. 심지어 아무것도 모르는 다른 환자들이 대기실에 들
어와서는 일어서는 행동을 반복하는 최초 참가자를 보고 그
행동에 동참합니다. 사회적인 압력이 있는 상태에서 만들어진

행동이 압력이 사라진 상태에서도 반복되고 다른 사람에게까지 전파된 것이죠.

👤 최근 1주간 30명이 구매했어요.

단순히 리뷰의 개수와 평점이 외에도 사회적 증거를 제시할 수 있는 방법은 많습니다. 네이버 스마트 스토어에서는 이렇게 간단한 문구로 강력한 사회적 증거를 제시하기도 합니다.
(http://liviella.co.kr/products/6294030424)

기획자가 상품이나 서비스를 소개할 때 '인기 상품'를 강조하는 것은 '사람들의 구매 결정'이라는 행동이 사회적 증거로 작용할 수 있기 때문입니다. 상품이나 서비스를 이성적으로 판단하기 전에 '사람들이 많이 구매했다면 좋은 상품이겠지'라고 생각하게 만드니 적절한 타이밍에 사람들의 리뷰를 제공한다면 구매 결정에 긍정적인 영향을 끼칠 수 있습니다.

게다가 '먼저 구매한 사람'이 유명한 사람이라면 효과는 더 커집니다. 권위와 신뢰 때문입니다. '이렇게나 대단한/똑똑한/유명한 사람이 구매했다면…' 그 판단을 믿어 버리는 거죠. 광고비가 많이 들더라도 유명인을 모델로 내세우는 이유입니다.

브랜드 이미지가 사용자의 정체성

◆

앞서 살펴본 '동조'와 '사회적 증거'는 우리의 선택에 영향을 미치는 사회적 요소 중 외부 요인입니다. 사회적 요소는 외부에 존재하기도 하지만 '사회 정체성'과 '문화적 맥락'과 같이 개인의 내면에 존재하기도 합니다.

'사회 정체성'은 특정 사회적 그룹에 속한 사람으로서 자신을 인식하는 것을 말합니다. 쉽게 말해서 소속감이라고 할 수 있죠. 소속감은 이상적인 자아상에 영향을 주고, 그 이유로 소비의 기준이 되기도 합니다. 예를 들어 애플 기업은 얼리어답터를 타깃으로 스타일리시한 디자인의 제품을 만들고 혁신적인 이미지의 광고를 내보냅니다. 그러한 정체성을 지니고 있거나 지향하는 이미지와 맞다면 그 사람은 애플 제품을 선호할 확률이 높습니다. 나이키 역시 나이키 제품을 이용하는 사람의 라이프스타일을 은연중에 광고와 여타 홍보물을 통해 보여줌으로써 그 정체성에 공감하는 사람들을 나이키 애호가로 만듭니다. 이처럼 '사회 정체성'과 '브랜드가 추구하는 이미지'가 일치할수록 충성도 높은 고객을 확보할 수 있습니다.

브랜드를 기획할 때 대상이 되는 고객들을 구체적으로 예상하기 위해 가상의 인물을 설정하기도 하는데요. 이를 '고객 페르소나'라고 합니다. 고객 페르소나를 설계할 때는 브랜드가 추구하는 방향을 고려하는 동시에 우리 상품/서비스를 소비하는 사람들의 정체성이 반영되어야 합니다. 앞서 사용자 유형을 분류할 때 인구통계학적인 기준에 기대기 쉽지만 그보다는 정성적인 기준을 먼저 세우는 게 좋다고 설명했지요? 고객 페르소나를 설계할 때도 마찬가지입니다. 예를 들어 친환경 뷰티 브랜드의 고객 페르소나를 만들어 볼까요?

일반적인 접근은 '30대/여성/환경에 관심 많음'과 같이 설계하는 것이지요. 그렇지만 브랜드가 추구하는 가치가 '동물 실험 반대', '윤리적 소비', '친환경', '자연과의 조화'라면, 고객 페르소나는 '자연스러운 아름다움과 지속가능성을 추구하는 사람'과 같이 정성적으로 정의할 수도 있습니다. 그런 사람들이 결과적으로 30대 여성에 많을 수 있지만 정성적인 고객 페르소나를 세우면 인공 화학물이 첨가되지 않은 친환경 화장품을 사용하고 싶은 여성 외에도 그런 제품을 선물하고 싶은 남성, 환경에 관심이 있는 청소년 등으로 타깃이 뾰족해지는 동시에 확장될 수 있으니까요. 여기에 플라스틱을 사용하지 않은 제품 패키지 사용, 용기 재사용을 위한 리필 스테이션 운영, 동물 실험에 반대하는 비건 캠페인 동참 등으로 브랜드가 추구하는 가치를 드러낸다면 사람들은 브랜드의 제품을 소비하는 것으로 자신의 정체성을 표현할 수 있기에 브랜드에 애정이 생기고 충성도가 높아질 수 있습니다. 이렇듯 인구통계학적 기준보다 브랜드가 추구하는 정체성과 유사한 정성적인 기준을 세우는 것이 효과적인 페르소나를 만드는 데 훨씬 더 도움이 됩니다.

우리가 남이가!

'문화적 맥락' 역시 선택에 영향을 줍니다. 개인이 속한 사회나 단체, 국가의 전반적인 가치관, 언어, 사고방식 등 문화에 따라 소비의 방식이나 상품을 대하는 태도가 달라지죠. 문화권마다 역사적 배경, 정치적인 상황, 종교적인 신념, 사회적 기대가 다르고 심지어 같은 문화권 내에서도 시대에 따라 문화적인 맥락이 변하기도 합니다. 이러한 문화적 차이는 해외 서비스의 현지화, 국내 서비스의 글로벌화를 시도할 때 고려해야 할 요소입니다.

예를 들어 미국은 비교광고를 허용하지만, 한국은 꽤 엄격하게 규제하고 있습니다. 미국은 개인주의와 자유경쟁을 존중하고 유머와 창의성을 높이 평가하며 소비자의 선택권과 정보접근성을 강조하는 문화를 가지고 있습니다. 그에 비해 한국은 직접적인 비교나 비난을 터부시하며 기업의 사회적 책임을 더욱 강조하는 경향이 있지요.

미국 펩시의 광고. 이런 비교 광고는 한국에서 광고법 위반으로
과징금을 내야 할지도 모릅니다.

따라서 해외시장을 염두에 두고 있다면 한국에서는 문제
되지 않지만, 다른 문화권에서는 거부감을 일으킬 수 있는 사
례에 민감해야 합니다. 이러한 차이는 단순히 광고 전략에만
국한되지 않고 전반적인 사용자 경험에도 영향을 미칠 수 있
습니다.

글로벌 페이지에서의 외국어 UX 라이팅에도 해당 언어의
어감 차이를 고려한 문화의 이해가 필요합니다. 예를 들어 한
국어 웹에서 보이는 '회원 탈퇴'라는 표현이 글로벌 페이지에
서는 'Delete Account(계정 삭제)'라고 되어 있습니다. 행동
의 주체를 사람으로 두면 '회원 탈퇴'라는 표현이, 서비스 측

면에 두면 '계정 삭제'라는 표현이 더 자연스럽습니다. 한국에서는 이름을 지우거나 훼손하는 것이 실례라는 인식이 있기에 '계정을 지운다'보다 '탈퇴한다'라는 표현을 쓴다고 해석할 수 있습니다.

이번에는 글로벌 콘텐츠 플랫폼 서비스를 한국 현지화하는 상황을 가정해 볼까요? 크리에이터에게 후원하는 기능을 예로 들어봅시다. 일반적인 표현이라면 '크리에이터에게 5,000원 후원하기'가 되겠지요. 여기에 '크리에이터에게 커피 한잔 사주기(5,000원)'라는 문구를 쓴다면 조금 더 친근하게 접근할 수 있습니다. 이를 그대로 번역해서 사용해도 문제가 없지만, 현지화를 시도하는 만큼 살짝 더 한국인답게 표현할 수는 없을까요?

커피 대신 '밥'은 어떨까요? '밥 먹었어?'는 안부를 묻는 말이고, 사람이 싫으면 '밥맛 떨어진다'고 하고, 바쁘면 '밥도 못 먹을 정도'라는 등 한국은 유달리 밥과 연관된 표현이 많습니다. 이토록 밥에 진심인 민족답게 후원 금액을 올리고 '크리에이터에게 밥 한 끼 사주기(10,000원)'라고 표현하면 어떨까요? 위트를 더해서 '밥 챙겨 먹고 다녀라(10,000원 후원)'라고 하면 크리에이터와 친구가 된 느낌을 줄 수 있을 겁니다. 또는 금액을 확 낮춰 부담 없이 '공깃밥 추가해 주기(1,000원 후원)'라고 써볼 수도 있지요. 단순한 번역 이상의 이런 문구를 사용한다면 글로벌 서비스의 현지화를 시도하는 데 큰 도움이 되겠지요? 한국인만 이해할 수 있는, 한국인만 공유하는 문화적 맥락을 이해한 문장이니까요.

평균의 사람은 존재하지 않는다

우리가 타인의 행동, 집단의 문화와 사상에 영향을 받는다고 해서 그것이 곧 개인의 소멸을 의미하는 것은 아닙니다. '남들과 다른 나'라는 정체성을 추구하며 '개성'에 큰 가치를 두는 사람도 있습니다. 누구나 사회적 영향을 받지만 그 안에서도 개인차는 분명 존재합니다.

그러나 기획자가 환경, 성격, 지능, 취향에 따라 선택을 하는 개개인의 차이를 모두 고려하여 UX를 설계할 수는 없습니다. 이때 보편적인 사용자, 평범한 사용자의 페르소나를 가정하여 '평균'을 만듭니다.

평균은 가장 쉽고 직관적이지만 그만큼 함정에 빠지기도 쉽습니다. 정규분포의 가운데, 즉 평균선 부근에 몰려있는 평균에는 여러 함정이 있죠. 극단치의 영향에 취약하고, 전체 집단이 '편포(한쪽으로 값이 몰려있는 집단의 분포)'를 이루면 설득력이 떨어지기도 하고요.

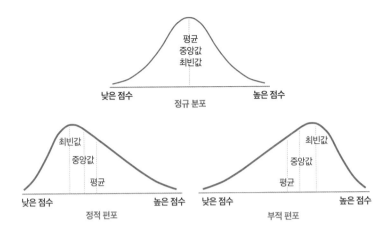

평균
중앙값
최빈값

낮은 점수   높은 점수

정규 분포

최빈값
중앙값
평균

낮은 점수   높은 점수

정적 편포

최빈값
중앙값
평균

낮은 점수   높은 점수

부적 편포

'중앙값'은 최고점과 최저점의 중간을 말합니다. 1등부터 100등까지 줄을 세웠을 때, 50등이 중앙값입니다. '최빈값(그 래프에서 가장 높은 부분)'은 가장 빈도가 높은 수치입니다. 10명 의 학생 성적이 A, A, A, B, B, B, B, B, C, C로 나타났다면, 최 빈값은 B가 됩니다. 이상적인 정규분포는 평균, 중앙값, 최빈 값 모두가 일치합니다. 하지만 집단의 분포가 편포를 이루면 세 값이 모두 달라집니다. 그땐 평균보다 최빈값이 집단의 특 성을 더 많이 반영합니다.

또한 전체 집단에서 극단적인 값을 가지는 표본이 섞여 있 으면 평균값이 무의미해집니다. 예를 들어 직장인 10명을 무 작위로 선정하여 평균소득을 구하는데 우연히 월 5,000만 원 의 고소득자 한 명이 포함되었습니다. 나머지 사람들의 월 소득은 200만 원에서 500만 원 사이인데 고소득자 한 명 때문에 전체 평균소득이 대략 800~900만 원이 되었습니다. 통계의 대상인 10명 중 800만 원 이상 버는 사람은 단 한 명, 5,000만 원을 버는 사람뿐이었는데도 말입니다. 이것이 '평균의 함정'입니다. 그래서 평균은 제한적으로만 사용할 수 있습니다.

평균은 관찰된 특정 샘플의 값이 아니고 실제 존재하는 값도 아닙니다. 월 소득 평균이 800~900만 원으로 나타난 집단에서 실제로 800~900만 원 사이의 소득을 가진 사람은 없었던 것처럼요. 평균은 가상의 존재를 상정하는 것입니다. 머릿속에 보통의 펭귄을 떠올리고 그와 똑같은 펭귄을 찾으려한다면 실제 일치하는 개체를 찾기 어려울 겁니다. 어떤 펭귄은 날개가 조금 짧을 것이고 어떤 펭귄은 부리가 조금 더 휘었을 수 있죠. 사람도 마찬가지, 평균의 인간은 존재하지 않습니다.

정규분포 속 평균은 누구와도 일치하지 않지만, 모두와 조금씩 닮았습니다. 모두와 닮았기 때문에 누구와도 똑같지 않은 것이죠. 그래서 평균의 사용자 페르소나를 가정하고 UX를 설계하다가는 모두를 위한 UX보다 아무도 만족할 수 없는 UX가 될 위험이 있습니다.

그렇다면 어떻게 해야 할까요? 저는 최대한 많은 극단값을 포함하는 기획이 '모두를 위한 UX'에 가깝다고 생각합니다.

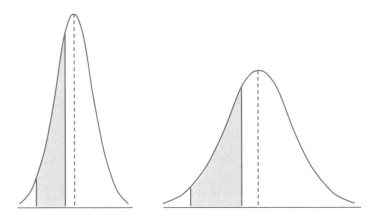

왼쪽 그래프가 평균을 위한 UX라면, 오른쪽 그래프가 더 많은 극단값을 포함하는,
결과적으로 더 많은 사람을 위한 UX입니다.

분포 그래프로 치면 최곳값과 최젓값이 옆으로 늘어나 더 많은 극단값을 포함하는 것이지요. 모두를 포괄하는 큰 페르소나(평균) 한 개는 역설적으로 더 좁은 범위를 수용하게 됩니다(왼쪽 그래프). 오히려 좁은 페르소나 여러 개가 더 넓은 범위를 수용할 수 있습니다(오른쪽 그래프).

실제로 나이, 능력, 환경에 관계없이 가능한 한 많은 사람이 상품/서비스를 더 쉽게 사용할 수 있도록 하는 '포용적 디자인Inclusive Design'◈에 대한 논의가 활발하게 이루어지고 있습니다. 아이폰의 '손쉬운 사용'이라는 설정을 예로 들어 볼까요? 이 설정에는 시각장애인을 위한 화면 읽기 기능Voice Over, 화면의 특정 부분을 확대할 수 있는 확대/축소 기능, 터치스크린 사용이 어려운 사람들을 위한 'Assistive Touch(어시스티브 터치)' 기능 등이 포함됩니다. 이는 장애인 사용자를 위한 기능을 더한 것이므로 배리어프리에 가깝지만, 비장애인 사용자까지 편하게 이용할 수 있어 사용의 편의성을 높였습니다.

넷플릭스의 다양한 자막 설정 또한 포용적 디자인에 가까운 접근입니다. 자막 설정은 청각장애인에게 매우 유용하지만 시끄러운 환경에서 시청하는 사람, 외국어 학습자 등에게도 도움이 되는 기능입니다. 넷플릭스 이야기를 조금 더 해볼까요?

넷플릭스는 개인에게 맞춤형 콘텐츠를 추천해 주는 동시에 '인기 콘텐츠'를 통해 다른 사람들이 무엇을 보고 있는지도 알려줍니다. 접속하는 지역에 따라 같은 작품이라도 다른 포스터와 다른 소개문을 보여주기도 하죠. 사회적인 영향, 개인차, 문화적인 맥락을 모두 고려한 사용자 경험을 만들고 있

◈ 배리어프리(Barrier-Free)가 장애인을 위해 기존의 장벽을 제거하거나 특별한 해결책을 추가하는 방식이라면 포용적 디자인은 처음부터 모든 사람을 고려하여 디자인한다는 방향성의 차이가 있습니다.

는 것입니다.

넷플릭스 같은 글로벌 서비스가 아니더라도 이러한 전략을 시도할 수 있습니다. 정장 위주의 단정한 옷을 판매하는 쇼핑몰이라고 해볼까요? 가장 일반적으로 사회적인 증거를 이용하는 문구는 "최근에 38명이 조회했어요."라거나 "97%의 구매자가 만족했어요." 같은 문장입니다. 그런데 우리의 타깃이 인구통계학적으로 30대 여성이라고 정의되어 있다면 "구매자의 70%가 30대 여성이에요"와 같이 조금 더 상세하게 할 수도 있습니다. 또 만약 타깃 페르소나가 '상견례, 면접과 같은 자리에서 입어도 좋을 단정한 차림새를 선호하는 사람'처럼 구체적이라면 "28명의 구매자가 상견례를 위해 구매했다는 리뷰를 남겼어요."와 같은 문장을 시도할 수 있습니다. 그러면 굳이 상견례와 면접이 아니더라고 단정한 옷을 좋아하거나 필요한 사람들도 찾게 될 테지요. 이처럼 정성적으로 정의되어 있다면 사용할 수 있는 문장도 생생해집니다.

이번 장에서는 경험에 영향을 미칠 수 있는 사회적/개인적 요소를 다루었습니다. 글 중간에 "디지털 환경에서 불가능한 것은 '몸으로 겪는 체험 서비스' 밖에 없다."라는 이야기를 했는데요. 3부의 마지막 주제가 바로 그 녀석입니다.

몸이 먼저 마음이 먼저

지금까지 다룬 '지각, 기억, 선택'은 마음속에서 일어나는 작용입니다. 이번에는 그 경험을 직접 겪어내는 몸에 관한 이야기를 해보겠습니다.

몸과 마음은 서로 영향을 주고받는다

마음은 몸에 영향을 미칩니다. 제때 풀리지 못한 울화가 쌓여 '화병'처럼 몸에 안 좋은 영향을 미치기도 하고, 어떤 경우에는 플라시보처럼 몸에 좋은 영향을 주기도 합니다. '플라시보 효과'란 약효가 없지만 진짜 약이라고 믿으면 실제 효과가 나타나는 현상을 말합니다. 우리말로는 가짜 약이라는 뜻으로 '위(僞)약 효과'라고도 부릅니다. 어쩌면 기분 탓이라던 평계가 정말 기분 때문일 수 있습니다. 정신이 몸을 지배한다는 말처럼요.

마음이 몸에 미치는 영향 중 '신체화'는 마음의 병이 몸의 병으로 번지는 현상을 말합니다. 화병이 대표적인 신체화 증상인데요. 화병은 실제로 미국의 정신의학회에서 발행하는 〈정신질환 진단 및 통계 매뉴얼〉에 질병으로 등재된 적이 있습니다. 현재는 화병을 우울의 증상 중 하나로 봅니다. 중요한 것은 마음의 병을 억지로 참다 보면 그것이 몸의 고통으로 터져 나온다는 겁니다.

물론 그 반대도 가능합니다. 몸도 마음에 영향을 미칩니다. 우울증의 단골 처방이 '산책'인 것도 그 이유입니다. 몸을 움직여서 마음을 움직이게 하는 것이죠. 신체 감각이 생각(인지)에 미치는 영향에 대한 이론도 있습니다. '체화된 인지'라는 이론입니다. 체화된 인지와 관련한 흥미로운 실험이 있습니다.

미국의 심리학자 로렌스 윌리엄스와 존 바그의 2008년 실험인데요. 실험 참가자들은 차가운 음료를 제공받는 그룹과 따뜻한 음료를 제공받는 그룹으로 나뉘어 가상 인물의 인상 평가를 요청받았습니다. 인물에 대한 자료는 동일하게 제공되었고요. 실험 결과 차가운 음료를 들고 있던 그룹의 참가자들에 비해 따뜻한 음료를 들고 있던 그룹의 참가자들이 대상 인물을 더 온화한 성격으로 평가했습니다. 손에 든 음료의 온도가 평가하는 인물의 인상 평가에 영향을 미친 것입니다.

이외에도 신체 감각이 인지에 영향을 미치는 사례는 많습니다. 냉장고에 넣어둔 차가운 맥주잔으로 맥주를 마시면 더 시원하게 느껴지고, 입술에 닿는 면이 얇은 와인잔으로 와인을 마시면 더 진하게 즐길 수 있는 것처럼 술잔에 따라 맛이 다르게 느껴집니다. 기지개를 켜거나 허리를 세워 몸을 크게 만드는 동작은 긴장을 완화하고 자신감을 북돋아 준다고 합니다. 또 재판장에서의 판사, 연병장 단상의 중대장을 보면 왠지 모를 위엄이 느껴집니다. 올려다봐야 하는 신체 움직임에서 우러러보는 인지 감각이 형성되기 때문입니다.

정서가 먼저일까, 표정이 먼저일까?

몸과 마음이 주고받는 영향은 동시에 상호적으로 일어나기도 합니다. 여러분은 기뻐서 웃나요, 혹은 웃어서 기쁜가요? 최근에 크게 웃음이 터졌을 때를 떠올려 보세요. 표정도 마음과 밀접합니다. '정서가 표정으로 드러나는가, 표정이 정서를 결정하는가?' 하는 문제는 오랜 기간 심리학이 주목한 연구 주제입니다. 당연히 기쁘니까 웃는 것이 아닌가 하고 생각하나요? 미국의 철학자 윌리엄 제임스와 덴마크의 칼 게오르그 랑게가 제창한 '제임스-랑게 이론'은 그러한 통념을 정면으로 반박합니다. 자극이 정서를 만들고 그것이 신체(표정)로 나타나는 게 아니라, 자극이 신체 변화(표정)를 만들고 그것을 알아채어 정서가 생겨난다는 이론입니다.

우리 얼굴에는 우리가 통제할 수 없는 수백 가지 미세 근육이 있고, 표정은 마음대로 움직일 수 있는 큰 근육과 의지대로 움직일 수 없는 미세 근육이 함께 작용하여 만들어집니다. 예를 들어 혐오스러운 장면을 보면 미세 근육이 움직여 윗입술과 코 양쪽이 들리는 '어으' 하는 표정이 만들어집니다.

표정은 자동 반사입니다. '혐오스러운 느낌이 드니까 혐오하는 표정을 지어야지'라고 생각할 겨를이 없습니다. 이 표정이 만들어진 이후에야 대상이 혐오스럽다는 생각하게 되죠. 정서가 더 늦게 발생합니다. 정서와 신체 반응 역시 서로 영향을 주고받는 것으로 보입니다.

몸과 마음은 별개로 작동하지 않는다

우리의 운동 능력 또한 인지 체계와 영향을 주고받습니다. '인지-운동 협응'이라는 개념입니다. '협응'은 서로 호응하여 조화롭게 움직인다는 뜻입니다. 마음과 몸은 서로 호응하여 움직일 때 가장 자연스럽게 작동합니다. 놀이공원에서 '거꾸로 자전거'를 타본 적이 있나요? 탑승자가 핸들을 오른쪽으로 틀면 앞바퀴는 왼쪽으로 돌아가도록 일반적인 자전거 핸들 조향을 반대로 개조한 자전거입니다. 그저 핸들만 반대로 하면 되니 조작이 어렵지 않을 것으로 생각한 사람들은 "5미터만 전진하면 참가비의 두 배 환불!"이라는 내기에 호기롭게 도전합니다. 그러나 5미터는커녕 3미터도 쉽지 않다는 것을 곧 알게 되죠.

'거꾸로 자전거'야 참가비만 잃으면 그만이지만, 비행기 계기판이라면 이야기가 달라집니다. 조종석에 있는 레버를 앞으로 밀면 고도가 상승할까요, 하강할까요? 앞으로 미는 동작은 하강이라는 동작과 협응합니다. 비행기 조종이 '거꾸로 자전거'처럼 되어있다면 수천 명의 목숨이 위태로워집니다.

조금 덜 무서운 예시로는 문손잡이를 떠올려 볼 수 있습니다. 우리는 문손잡이 모양만 봐도 문을 어떻게 열어야 하는지 알 수 있습니다. 동그란 회전식 손잡이가 달린 문은 손잡이를 잡고 돌린 채 밀거나 당겨야 열린다는 것을 직관적으로 압니다. 한쪽으로만 열리는 유리문 손잡이가 미는 쪽(가로)과 당기는 쪽(세로)에 따라 모양이 다른 것도 이러한 이유에서입니다.

인지-운동 협응에도 문화적인 차이가 있습니다. 예를 들어 운전석이 오른쪽에 있는 나라에서 운전하려면 왼쪽 운전석에 익숙한 우리는 특별히 조심해야겠지요. 머릿속에 있는 이미지(운전의 기억)와 실제가 다르면 이질감이 들어 운동 협응이 다르게 나타나니까요.

마음 작동을 알아가다 보면 몸에 대해서도 알게 됩니다. 뇌는 마음과 몸을 모두 움직이게 만들기 때문입니다. 마음과 몸은 별개로 작동하지 않으니 사람을 대상으로 하는 일은 마음과 몸을 모두 헤아려야 합니다. 기획자라면 사용자 경험 설계를 편리하고 기능성 있게 만드는 것을 넘어 사용자에게 내적, 외적 친밀감을 전달하는 역할을 할 수 있겠죠.

신체 감각과의 상호작용

몸도 마음도 서로에 영향을 미친다고 하니 당연히 경험에 대한 기억도 신체 감각에서 자유로울 수는 없겠죠. 거꾸로 심리적인 요소가 신체적인 경험에 영향을 미치기도 할 거예요.

미국 피츠버그 대학교의 심리학자이자 신경과학자인 매슈 보츠니크와 조나단 코헨이 1998년에 발표한 '가짜 손 실험Rubber Hand Illusion'이라는 재미있는, 아니 무서운 실험이 있습니다. 참가자는 양손을 테이블에 올려두고, 양손 중 한쪽 손

한국의 유튜브 채널 〈긱블〉에서 재현한 가짜 손 실험.
심지어 내 손과 확연히 다른 사이즈의 손도 내 손으로 착각하고
감각이 느껴집니다.

은 시야에서 가리고 눈에 보이는 자리에 가짜 손을 놓습니다. 연구자는 참가자 시야에서 벗어난 실제 손과 눈에 보이는 가짜 손을 동시에 부드러운 붓으로 문질러 동일한 자극을 줍니다. 이때 참가자는 가짜 손을 실제 자기 손처럼 느낍니다. 자극에 익숙해진 뒤 연구자가 갑자기 망치로 가짜 손을 때립니다. 참가자는 깜짝 놀라 움찔합니다. 가짜 손이 자신의 신체 일부인 양 착각을 일으킨 것이죠. 이 실험은 시각, 촉각이라는 감각적인 자극을 통해 뇌가 신체라는 범위를 재구성할 수 있음을 시사합니다.

영화 〈설국열차〉 보셨나요? 영화 속에서 빈곤한 꼬리칸 사람들은 어두운색의 바 형태인 단백질 블록을 먹습니다. 이후 반란을 일으킨 주인공이 사실은 단백질 블록이 열차 안의 바퀴벌레를 갈아서 만든 식품이라는 것을 알고는 역겨운 표정

영화 〈설국열차〉의 단백질 블록,
양갱처럼 생겼죠?

"찬 바람 불 때, 핫초코 미떼"
동서식품 핫초코 미떼 광고의 한 장면

을 짓습니다. 먹을 당시에는 별생각 없었지만 진실을 알게 된
순간 역겨운 기억이 되어버린 것이죠. 뒤늦게 알게 된 정보
가 과거의 감각 경험에 영향을 준 겁니다. 물리적인 맛은 달
라지지 않았으나 심리적인 지각의 변화로 다른 경험이 되어
버린 것입니다.

동서식품의 '핫초코 미떼'는 차갑다는 신체감각을 광고에
사용합니다. 추위 보이는 배경 이미지와 '찬 바람 불 때'라는
카피 모두 '춥다, 차갑다'라는 신체감각을 떠오르게 합니다.
동시에 추운 겨울날 꽁꽁 언 손을 따뜻하게 녹이는 머그컵의
따스한 느낌을 영상으로 전달합니다. 그 결과 '미떼'라는 브
랜드는 추운 날 손을 녹이는 기분 좋은 감각과 핫초코의 달달
한 맛을 떠오르게 합니다.

호빵은 추운 날 김이 펄펄 나는 뜨거운 찜기에서 꺼내 호
호 불어 먹는 장면을 연상케 하고, 교보문고 향 디퓨저의 책

냄새는 잔잔하고 편안한 서점의 분위기를 떠오르게 합니다. 신체 감각은 브랜드에 대한 이미지와 무관하지 않습니다. 심리학의 관점에서 기획한다면 기획의 결과물이 소비자의 몸과 어떤 식으로 상호작용을 하는지 고려해야 합니다.

신체 감각을 고려한 브랜드 경험 설계

향수 브랜드를 런칭하여 팝업 스토어를 연다고 가정해 봅시다. '새벽의 숲 공기'라는 브랜드의 콘셉트에 어울리게 팝업 스토어도 새벽의 숲을 연상케 하면 좋겠습니다.

먼저 후각적으로는 상쾌한 숲 향기를 품은 제품이 돋보이도록 향수보다 조금 더 연한 향의 디퓨저로 팝업 스토어에 유사한 향이 나도록 할 수 있을 겁니다. 혹은 반대로 향수와 성향이 다른 향의 디퓨저를 사용하여 매장에서 시향하는 향수의 향을 더 강렬하게 체험하도록 할 수 있습니다.

시각적으로는 숲의 느낌을 강조하는 초록색, 새벽의 느낌을 강조하는 은색, 나무를 강조하는 짙은 갈색을 사용하여 숲에 온 듯한 느낌을 낼 수 있도록 연출해도 좋겠네요. 시각적인 체험은 상품의 패키지 디자인에도 적용할 수 있습니다. 은은하고 편안함을 연상할 수 있는 로고와 서체, 초록색 반투

명 유리병, 친환경적인 느낌을 주는 종이 포장용지 등을 생각해 볼 수 있죠.

상품과 패키지 디자인은 곧 촉각적인 체험으로도 연결됩니다. 향수병의 질감을 부드럽게 해서 편안한 느낌을 강조하거나 거친 돌이나 나무껍질처럼 표현하여 친환경 느낌을 강조해 볼 수 있습니다. 포장 상자의 종이 재질이 얼마나 바스락거릴지에 대한 고민도 필요하겠네요. 벨벳 소재를 사용하면 부드러운 느낌을 극대화하겠지만 숲과 어울릴지도 생각해 봐야겠죠.

마지막으로 팝업 스토어 매장에서 흘러나올 배경음악을 고민해 볼 수 있습니다. 잔잔한 재즈도 좋지만 자연의 상쾌한 느낌이라면 숲의 바람 소리, 조용히 흐르는 물소리, 적당한 풀벌레와 새소리를 활용해도 좋을 것입니다. 편안함을 강조하고 싶다면 차분한 뉴에이지나 클래식도 괜찮을 겁니다.

이처럼 기획자의 의도에 따라 혹은 브랜드의 정체성에 따라 몸과 마음의 상호작용은 얼마든지 달라질 수 있습니다.

심리학은 문제를 정의하고 기획자는 문제를 해결한다

이번 장은 '사용자 경험' 중 '경험'에 관한 이야기였습니다.

경험의 과정은 곧 선택의 과정이라고 했습니다. 즉 선택의 연속이 경험이 된다고요. 그리고 선택과 경험에 영향을 주는 요소들도 살펴보았습니다. 우리의 선택과 경험은 사회적인 요인, 개인적인 요인에 따라 달라질 수 있었습니다. 마지막으로 외부의 자극을 경험하는 매개체, 몸과 마음의 관계에 대해서도 살펴보았습니다. 이 책이 'UX 기획'에 대한 이야기라면 이제 U와 X까지 진행한 것이지요.

마지막 4부는 UX 기획의 마지막, 기획에 관한 이야기입니다. 기획자는 문제를 발견하고 해결책을 제시하는 사람이기도 합니다. 반려견 보호자들이 반려견을 두고 외출할 때 겪는 불편을 발견하고 반려견 보호자를 대상으로 한 서비스를 기획할 수도 있고, 회사에서 운영하는 앱의 불편함을 알아채고 UI/UX를 개선할 수도 있습니다. 또는 바르고 건강한 성문화에 대한 인식을 바로잡기 위해 브랜드를 기획할 수도 있습니다.

엘리베이터의 속도 사례를 기억하나요? 문제를 어떻게 정의하는지에 따라 기획의 방향은 완전히 달라질 수 있습니다. 심리학은 문제를 해결하는 역할보다 문제를 정의하는 역할에 어울린다고 했지요? 심리학에서 문제를 어떻게 정의하는지 이제부터 기획자의 시선으로 심리학의 구조적인 관점을 살펴봅시다.

4부

기획자 시선으로 보는 구조적인 관점

심리학처럼 기획 구조 짜기

심리학은 연구를 통해 앞으로 나아갑니다. 가설을 검증하기 위한 '실험 연구', 기존의 데이터를 재분류/재해석하는 '문헌 연구', 기존 연구를 종합적으로 분석하여 새로운 결과를 도출하는 '메타분석' 등 연구의 종류는 다양합니다. 앞서 등장했던 '질적연구', '양적연구'도 하나의 분류가 될 수 있고요. 학술적으로 유의미한 결과를 도출하기 위해서는 이런 많은 연구가 필요합니다. 하지만 연구를 잘 설계해야 주장과 가설을 명확하게 검증할 수 있습니다. 기획이 필요한 거죠.

심리학도 기획이다

   제작자의 기획 의도와 다른 방향으로 유명해진 제품이 있습니다. 공간 박스이지만 뜻밖에도 반려동물이 좋아해서 이제는 고양이 집 겸 공간 박스로 판매하는 제품인데요. 이처럼 제품은 실제 쓰임새가 달라져도 어떻게든 판매가 이루어지기도 합니다.

한 때는 공간박스였던 고양이 아파트 (출처: 아이리스코리아)

   하지만 연구는 다릅니다. 기획 의도와 다른 결과가 나오면 연구 전체가 무의미해질 수 있습니다. 'A와 B가 관련 있음'을 밝히려 연구를 진행했는데 '관련 없음'으로 결과가 도출되면 실패한 연구가 됩니다. 관련 없음을 밝힌 것도 나름 의의가 있지만 대부분은 그렇지 못하거든요. 간혹 A가 B에 미치는 영향을 보고자 연구를 진행했는데 뜬금없이 A의 영향을 받는 C

가 발견되기도 합니다. 이럴 때는 A와 C를 대상으로 다시 처음부터 연구를 진행하는 것이 정석입니다. 그럴 수 없는 대학원생들은 처음부터 C를 목표로 연구를 설계한 것처럼 연구 배경을 수정하는 웃지 못할 경우도 가끔 발생합니다.

제 졸업논문 주제는 〈스토킹 범죄의 행위 유형 분류〉였습니다. 판결문을 중심으로 한 문헌분석인데요. 사실 저는 목격자 진술과 관련한 실험 연구를 하고 싶었습니다. 실험 연구가 성공적으로 이루어진다면 'A와 B가 관련 있음'을 넘어 'A가 B에 영향을 주고 있음'이라는 영양가 높은 결론을 도출할 수 있고 변수 간의 인과를 검증하는 가장 강력한 방법이었으니까요. 하지만 실험 연구는 그만큼 많은 시간과 비용이 필요합니다. 우선 실험이 이루어질 공간을 섭외해야 하고 실험 진행을 도와줄 스태프가 필요하죠. 또 실험 과정에 대한 시나리오를 설계해야 하고 피험자를 모집해야 합니다. 이 외에 현장에서 발생할 수 있는 모든 돌발상황에 대한 대비가 필요합니다.

어째 익숙하지 않나요? 맞습니다. 오프라인 행사 기획과 매우 유사합니다. 실험 자체가 하나의 행사가 되는 거죠. 행사 날짜에 맞춘 일정 관리, 공간 섭외, 콘셉트 도출, 행사 시나리오 작성, 동선 관리, 현장 스태프 운영, 위험관리, 심지어 예산 집행까지. 그래서 기획력이 좋은 연구자가 실험 설계도 잘할 수 있습니다. 그러나 아쉽게도 비용과 시간이라는 현실적인 문제로 저는 실험 연구 대신 문헌분석 연구로 논문을 진행했습니다. 물론 문헌분석도 기획이 필요합니다.

실험 설계와 오프라인 행사 기획

	실험 설계	오프라인 행사 기획
일정	전체 연구 일정 계획 수립	전체 행사 일정 계획 수립
기획	연구 주제 및 실험 과정 설계	행사 컨셉 및 전체 운영 기획
공간	실험 장소 섭외	공간 섭외 및 대관
운영	실험 시나리오 작성	행사 운영 계획 작성
인력	진행 인원 섭외 및 배치	행사 스태프 섭외 및 배치
실행	실험 진행 및 감독	현장 운영 및 감독
비용	예산 사용 내역 정리 및 정산	예산 보고 및 비용 지급
보고	논문 작성	결과 보고 작성

연구와 기획의 배경

저는 스토킹 범죄자들의 유형을 분류할 필요가 있다고 생각했습니다. 어떤 스토킹은 집요하게 문자를 보내는 데 그치지만, 어떤 스토킹은 강력범죄로 이어지기도 하니까요. 스토킹 범죄자의 유형을 분류하면 스토킹의 유형에 따라 대처 방법도 달라질 수 있습니다. 하지만 현행법상 스토킹을 분류할 수 있는 기준이 따로 없었습니다. 「스토킹 처벌법」이 경범죄에서 분리되어 별도 시행된 지 얼마 되지 않은 시점이었기 때문입니다. 시행된 법령이 제대로 작동하는지 현황을 파악할 수 있어야 이후 개정을 도모하거나 범죄 예방 대책을 세울 수 있는데 말이죠. 여기까지는 '연구 배경'에 해당합니다. 어디서 많이 듣던 내용이라고요? 맞습니다. 기획 제안서의 '기획 의도', '제안 배경'과 동일합니다.

기획자 모드로 돌아와서, 수능이 끝난 학생들을 위해 대학 입학 전까지 시간을 알차게 쓸 수 있도록 '단기 아르바이트 중개 플랫폼'을 만든다고 해봅시다. 수능이 끝난 뒤에는 아르바이트를 구하려는 수험생이 많을 것입니다. 하지만 수능이 끝난 11월부터 입학 전인 2월까지는 짧은 기간이기도 하고, 대학 입학 일정이 변동될 수 있어서 기존 플랫폼(알바몬, 알바천국 등)에서는 아르바이트를 구하기 힘듭니다. 게다가 어렵게 단기 아르바이트를 구한다 해도 근로계약서나 노동법에 대해 잘 모르는 수험생들이 첫 사회 경험에서 부당한 대우를 받거나 근로자의 의무를 다하지 않을 수도 있습니다.

만약 '수능이 끝난 수험생'이라는 좁은 타깃만을 위한 아르바이트 중개 플랫폼이 있다면 학생들은 상황에 맞는 단기 아르바이트를 구하기 쉬워지는 동시에 법의 테두리 안에서 일할 수 있을 것입니다. 또한 플랫폼에서 수험생들의 알바 이력을 제공하거나 중개 책임을 위한 보험에 가입한다면 업체 사장님들은 갑자기 연락이 두절되는 등 책임을 다하지 않는 아르바이트생을 사전에 판단하거나 중개 플랫폼의 보험을 믿고 구인을 할 수 있을 것입니다.

스토킹 연구와 마찬가지로 이 프로젝트(연구)가 왜 필요한지 사회적 맥락을 기반으로 설명했는데요. 이 내용이 제안서의 기획 의도, 제안 배경에 해당합니다.

무엇을 위해 어떻게 할 것인가

◈

문헌 연구를 진행할 때 저는 스토커들의 범죄 행위 유형을 분류하기 위해 판결문에 기재된 스토킹 범죄의 행동을 수집하여 분석하였습니다.

판결문이라고 해서 스토킹 범죄의 행동이 모두 담겨있지는 않겠지만 적어도 가해자나 피해자의 일방적인 입장보다는 수사 과정에서 드러난 범죄 행위들이 객관적으로 기록되어 있으리라 기대할 수 있습니다. 그렇게 수집된 데이터를 범주화하고 각 범주의 연관성을 통계적으로 분석했습니다. 이것이 '연구 목표', '연구 방법'입니다. 제안서에 비추어 보면 '목적과 목표', '추진 방안'에 해당됩니다.

제 연구의 목표가 '스토커 행위 유형 분류'라면 단기 아르바이트 중개 플랫폼 기획의 목표는 '안전하고 편리한 수험생 맞춤형 단기 아르바이트 중개'가 될 겁니다. 이를 위해 가장 먼저 추진할 것은 단기 아르바이트가 필요한 지역 소상공인들의 플랫폼 입점입니다. 동시에 그 아르바이트 구인을 보고 지원할 수험생들의 모집도 필요합니다.

그러자면 수험생들을 모집하기 위해 수험표만으로 간편 등록 서비스를 제공하고 첫 아르바이트를 무사히 마치면 보너스 리워드를 제공하는 이벤트를 진행해 볼 수 있겠네요. 소상공인 사장님들을 위해서는 중개 수수료를 낮춰준다거나(금전적인 리워드 제공을 위해서는 공공기관의 투자 유치도 필요해 보입니다), 노쇼 보증 보험 상품을 개발할 수도 있습니다. 혹은 첫 중개 수험생을 대상으로 인건비 일부를 지원해 주는 이벤트를 해볼 수도 있을 테고요.

실현할 수 있는 범위와 예산 내에서 다양한 방법을 찾아볼 수 있습니다. 방법이 현실적일수록 설득력 있는 제안서가 되겠지요. 이 단계에서는 우리가 달성하려는 것 그리고 그것의 달성을 위해서 나아갈 방법에 대한 이야기를 해야 합니다.

지금까지 제안서의 목적과 목표, 추진 방안에 해당하는 내용이었습니다.

결과 보고서

저의 문헌 연구 결과 스토킹 범죄자는 세 가지 유형으로 분류되었습니다. 또한 판결문에 드러난 판결 정보(형량, 벌금 여부 등), 행위 외 범죄 요소(피해자와의 관계, 스토킹 기간, 정신 병력 등)와 스토킹 유형의 관계도 살펴볼 수 있었습니다. 논문에서는 '연구 결과'에 해당하는 내용이고 기획자라면 실제로 프로젝트를 진행한 '결과보고서'가 되겠네요.

'단기 아르바이트 중개 플랫폼' 기획 예시에서 결과보고서라면 플랫폼에 가입한 업체와 수험생의 수, 아르바이트 중개로 인해 성사된 근로계약의 건수 그리고 각각의 만족도와 재방문율, 총거래액 등이 그 내용이 될 것입니다. 결과(성과)에 해당하는 내용이죠.

제언과 기대 효과

현실적으로 경찰이 모든 스토커를 밀착 감시할 수는 없습니다. 하지만 강력범죄로 성장할 범죄 유형을 사전에 구별할 수 있다면 집중 관리가 가능해질지도 모르죠. 스토킹 범죄자는 판결 이후 재범 방지 교육을 이수해야만 합니다. 마찬가지로 범죄 유형에 따라 재범 방지 교육의 내용 역시 달라질 필요가 있습니다. 심리학 연구 논문의 '제언과 기대효과'에 해당하는 내용입니다.

기획자의 '제언과 기대효과'는 이 플랫폼이 더욱 나아지기 위해 필요한 요소, 현재 플랫폼이 자리를 잘 잡을 경우 창출될 경제효과 등이 될 것입니다. 우리가 기획한 플랫폼은 수능이 끝난 수험생들이 대학 입학 전까지의 기간에 짧게나마 경제 활동에 참여하여 사회 경험을 하거나 관심 있는 분야를 적극적으로 체험해 볼 수 있는 기회를 제공할 수 있습니다. 그렇다면 플랫폼이 좀 더 나은 가치를 창출하기 위해 궁극적으로 필요한 것은 다양한 분야의 체험형 일자리가 될 겁니다. 수험생들은 대학 입학 전 전공과 관련한 일자리를 체험해 볼 수 있고, 각 분야의 기관과 기업에서 이 분야에 관심 있는 유망주들이 어떤 환상과 기대가 있는지 파악하고, 현실적인 조언을 하는 멘토의 역할을 해줄 수 있습니다.

추후 이 플랫폼이 자리를 잡는다면 대상을 수험생뿐 아니라 단기 아르바이트가 필요한 사람들로 넓혀볼 수도 있습니다. 사업의 확장이 되겠네요. 장기적인 비전은 '단기 고용을 활성화하여 고용 유연성을 높이고 필요한 만큼만 일할 수 있는 아르바이트 문화 형성'으로 잡아볼 수도 있을 겁니다.

연구자의 논문과 기획자의 제안서

	연구자	기획자
주제	스토킹 범죄 행위 유형 분류	수험생 전용 단기 아르바이트 플랫폼
배경	스토킹 처벌법이 시행되었으나 스토킹 범죄자들을 분류할 마땅한 기준이 없음	수능이 끝난 수험생들은 단기 아르 바이트를 구하기 어렵고, 자영업자 들도 단기간 고용에 어려움이 있음
의도	스토킹 유형에 따른 범죄 예방과 법 개정을 위한 기준 마련	법의 테두리 안에서 안전하게 단기 아르바이트를 구할 수 있는 기반을 마련
목표	행동요소를 기준으로 한 스토킹 범죄 유형 분류	안전하고 편리한 수험생 맞춤형 단기 아르바이트 중개
추진 방안	판결문을 중심으로 n건의 사건에서 드러난 행동요소를 탐색하고, 이를 통계적으로 분석하여 유형을 분류	아르바이트 프로필 간편 등록, 중개 수수료 할인, 아르바이트 이력 제공, 노쇼 보증보험 등 상호 간의 정보 비대칭 상황을 해결
(예상)결과	스토킹을 세 가지 유형으로 분류하고 각 유형에 따른 특징을 정리	n건의 업체 등록, n건의 수험생 가입, n건의 중개 성사, 재방문율과 총거래액 산정
비전(제언)	유형에 따른 집중관리 방안 마련 및 재범방지 교육 편성	단기 고용 활성화 및 고용 유연성 증대

심리학에서 얻은 힌트

　심리학의 연구논문은 기획자의 제안서와 결과보고서를 합쳐놓은 것과 매우 유사합니다. 연구 역시 하나의 프로젝트이니만큼 기획자의 프로젝트와 유사하지요. 심리학 전공 수업인 '연구방법론'에서는 이런 방식으로 연구를 설계하는 방법을 배웁니다. 심리학과 학생들이 들어야 하는 기획 수업인 셈입니다. 연구 주제를 정의하고 검증하는 과정을 다루는 '연구방법론'을 통해 기획자가 문제를 정의하는 방식에 대한 힌트를 얻을 수 있습니다.

문제를 삼아야 문제가 된다

　이 장의 제목은 영화 〈베테랑〉에서 "문제 삼지 않으면 문제가 안 되는데, 문제를 삼으면 문제가 된다고 그랬어요."라는 대사를 인용했습니다. 영화에서는 등장인물의 뻔뻔한 태도를 강조하기 위한 대사였지만 현실에 적용되는 말이기도 합니다. 어떤 현상을 문제로 삼으면 그것은 그때부터 문제가 됩니다. 문제로 정의하기 전에는 현상에 불과하다는 뜻이지요. 엘리베이터가 한 층 이동에 걸리는 시간이 5초인 것은 현상입니다. 누군가 느리다고 느끼고 문제 삼으면 5초라는 이동시간은 문제가 됩니다. 자연스레 넘어가는 문제도 있지만 곪고 곪다가 큰 사고로 이어지는 문제도 있습니다.

　'스토킹 범죄의 양상이 모두 똑같지 않고 사건마다 다양한 모습으로 전개된다'는 것은 현상입니다. 이것을 '스토킹이라는 범죄 요건은 확실하게 정해져 있으므로 그 기준에 따라 처벌하면 된다'라고 생각할 수 있습니다. 하지만 누군가는 '어떤 스토킹 범죄는 범죄 양상에 따라 강력범죄로 진화할 위험이 있다'라고 볼 수도 있습니다. 후자의 관점에서는 현재 법령이 스토킹의 유형을 분류하지 않는 것이 문제로 보일 겁니다.

'수능이 끝난 수험생들이 단순하게 시간을 보내다가 대학에 입학하는 상황'도 누군가에게는 하나의 현상이지만 다른 누군가는 '미래에 대해 고민할 시기에 경험을 쌓을 곳이 없으니 그냥 시간을 보내는구나'라고 생각할 수 있습니다. 후자의 관점에서는 현상이 문제로 보이게 되죠. 결국 문제를 해결하기 위해서는 문제를 정의하는(문제 삼는) 단계가 필요합니다.

'문제'는 어디 있을까?

심리학의 연구 주제는 '사회와 인간'입니다. 인간과 사회에 얽힌 수많은 현상 중에서 심리학자는 자신이 탐구할 연구 분야를 선택해야 합니다. 사회, 인지, 임상, 산업 등 관심 분야가 각각의 전공 이름이 됩니다. 사회에 관심이 있다면 '사회심리학', 인간의 생각에 관심이 있다면 '인지심리학', 정신병리에 관심이 있다면 '임상심리학'을 공부합니다. 저는 범죄에 관심이 많아서 '범죄심리학'을 전공했습니다.

기획자의 관심 분야 역시 세분화될 수 있습니다. 심리학이라는 영역이 분야별로 나누어지듯 기획이라는 영역도 오프라인 이벤트에 관심이 있다면 '행사 기획', 앱에 관심이 있다면 '앱 기획', 경영과 비즈니스에 관심이 있다면 '전략 기획', 창업이나 서비스 모델 개발에 관심이 있다면 '서비스 기획' 등으로 나누어질 수 있습니다.

심리학에서 관심 분야에 따라 전공을 결정한 것처럼 기획자는 관심 분야에 따라 결과물을 결정할 수 있습니다. 물론 관심 분야는 변하기도 하고 합쳐지기도 세분되기도 합니다. 범죄심리학자가 수사 심리학을 세부 전공으로 하여 수사관이 될 수도 있고 임상 심리 전공과 함께 '법 임상'◈을 연구할 수도 있습니다. 상담 분야를 공부해서 '심리부검'◈◈을 다뤄볼 수도 있고요. 기획자도 행사 기획을 선택했다면 그 안에서도 전시/컨벤션과 같이 대규모 공식 행사에 관심이 있을 수 있고, 지역축제와 같이 문화예술 관광 쪽에 더 관심을 둘 수 있습니다.

◈ 　법의학이 법과 관련된 의학이라면, 법 임상도 마찬가지로 법과 관련된 임상 심리 분야라고 볼 수 있습니다. 재판과 관련하여 정신 장애인의 심신미약 적용 여부에 대한 전문가 의견을 내거나 범죄가 피해자에게 미친 정신적인 피해를 평가하는 등의 역할을 합니다.

◈◈ 　자살 사망자의 사망 원인에 대한 정신적, 행동적 요인을 규명하는 일입니다.

관심 분야가 뾰족할수록 더욱 세분화된 주제를 잡을 수 있습니다. 범죄심리학 안에서도 수사 과정에 초점을 맞추는 '수사 심리', 재판 과정에 초점을 맞추는 '법 심리', 범죄자의 사회복귀에 초점을 맞추는 '교정 심리' 등 분야가 세분화됩니다. 수사 심리 안에서도 면담, 목격자 진술, 프로파일링 등으로 다시 세분화가 가능하고요. 관심 분야가 깊어질수록 연구 주제 역시 구체적으로 되겠지요. 여기서 연구 주제가 바로 우리가 풀어야 할 '문제'에 해당합니다.

기획자로서 나의 분야를 찾고 싶다면 관심 분야를 계속해서 세분화해야 합니다. '앱 기획' 안에서도 교육에 관심을 가지고 언어학습, 코딩 교육, 수학 문제 풀이 등의 앱 개발에 참여할 수 있을 거고 '핀테크' 분야에서도 모바일 뱅킹, 주식거래 등의 앱에 관심을 둘 수 있겠지요.

이처럼 분야로 세분화하거나 직무로 세분화할 수도 있습니다. 관심 분야가 대상에 맞춘 서비스 기획이라면 '서비스 기획자', 모바일 화면 구성과 기능 만들기라면 'UX 기획자', 프로젝트를 총괄하며 담당자들(개발자, 디자이너, 마케터 등)과 조율하는 것에 흥미가 있다면 '프로젝트 매니저(PM)'가 될 수도 있습니다. 심리학과 마찬가지로 세분화된 업무 내용이 결국 기획자의 문제가 됩니다.

문제가 문제임을 알아채기

심리학과 기획자의 이야기를 길게 했는데요. 결국 문제를 해결하기 위한 가장 첫 번째 순서는 문제가 문제라고 알아채는 일이라는 겁니다. 관심 분야가 세분화되고 깊어야 문제를 알아챌 수 있고요. 그래야 문제에 대한 답이 현장에 가까워집니다. 다만 주의해야 할 점은 극도로 세분화된 문제는 해당 영역에서만 적용할 수 있어서 범용성이 떨어진다는 겁니다.

스토킹 범죄자 행위 유형 분류(세분화된 관심)는 바로 경찰 대응에 적용해 볼 수 있지만 '범죄자 유형을 무엇으로 분류할 수 있나'(넓은 관심)라는 문제는 각각의 현장 실정에 맞는 후속 연구가 필요합니다. 프로젝트 매니저는 프로젝트 전체를 관리하지만(넓은 관심) 앱의 세부적인 기능의 위치와 화면의 역할(세분화된 관심)에 대해서는 UX 기획자가 알 수 있지요. 반대로 UX 기획자의 기획은 화면 설계 업무에 바로 적용되지만, 그것만으로 전체 프로젝트가 진행되지는 않습니다.

문제를 찾아내기 위해서는 관심 수준의 깊이를 정해야 합니다. 관심의 깊이가 문제의 깊이가 되고, 문제의 깊이에 따라 답을 찾은 이후 적용할 수 있는 범위가 달라지기 때문입니다. 'A 서비스와 앱이 필요하다'라고 문제를 정의하면 프로젝트 매니저의 문제가 될 테고, 'B 앱은 C 기능이 불편하다'라고 문제를 정의하면 UX 기획자의 문제가 되는 것이죠. 여기서 문제의 깊이에는 좋고 나쁨이 없습니다. 깊이가 깊다는 것은 세분화된 분야(UX 기획)라는 뜻이고, 깊이가 깊지 않다는 것은 포괄적인 분야(프로젝트 매니저)라는 뜻입니다. 좋고 나쁜 것이 아니라 서로 다른 것입니다.

검증 가능한 패턴을 정의하기

관심 주제와 깊이를 정했다면, 다음은 현상을 바라볼 차례입니다. 현상은 문제로 삼지 않은 상태입니다.

> 덕훈이가 우리 앱에 접속한 뒤 5분 동안 머물렀다가 이탈했다.

위 문장은 하나의 현상입니다. 현상은 하나의 사건입니다. 각각의 사건은 개별적으로 존재하고, 여기에는 별다른 문제의식이 없습니다. 그러나 사건이 반복되면 일정한 패턴이 생깁니다. 패턴은 사건과 달리 통계적으로 추산된 데이터입니다.

> 사람들이 우리 앱에 접속한 뒤 평균 5분 정도 머물렀다가 이탈한다.

덕훈이, 영범이, 해성이, 혜영이, 유정이…. 지금까지 등장한 사람들이 5분 정도 머무르는 일이 반복됩니다. 그들의 친구들, 그 친구의 친구들까지 꽤 많은 사람이 왔다 갔음에도 체류시간 평균치는 5분에 수렴합니다. 이제 위 문장을 패턴으로 정의할 수 있습니다.

왜 심리학에서 패턴 정의가 필요할까요? 1848년 피니어스 게이지는 철도 건설 현장에서 잘못 터진 폭약으로 3센티미터 굵기의 쇠막대가 머리를 관통하는 사고를 당합니다. 두개골과 뇌 일부에 큰 손상을 입었으나 다행히 생명에는 지장이 없었습니다. 그런데 회복 이후 그의 성격이 완전히 다른 사람처럼 변해버렸습니다. 여기까지는 하나의 개별 사건입니다. 그런데 이후 뇌 손상을 입은 환자 중 피니어스 게이지와 같이 성격이 변하는 사람들이 관찰되었습니다. 그들은 공통으로 전두엽 부근에 손상을 입었다고 합니다.

이제 이것을 패턴으로 정의해 볼까요?

전두엽 손상을 입은 사람들은 성격에 변화를 보인다.

패턴으로 정의된 문장은 개별 사건과 달리 보편성을 가정합니다. 또 패턴으로 정의된다면 계속 반복이 되는지, 일반적으로 적용할 수 있는지 검증할 수 있는 형태가 됩니다. 앞

에서 검증할 수 있는 문장을 '가설'이라고 정의했습니다. 패
턴 정의는 가설을 찾기 위한 과정입니다. 패턴이 있으면 미래
를 예측할 수 있어서 다음에 나올 현상을 가정할 수 있기 때
문입니다.

이렇게 패턴을 정의하고 나면 가능해지는 것이 또 하나 있
습니다. 바로 과학적인 검증의 필수조건인 '반증'입니다.

> 우근이가 우리 앱에 접속한다면 약 5분 후 이탈할 것이다.

그런데 우근이가 48분 동안 머물다가 퇴장한다면, 위의 문
장은 그리 타당하지 못한 추정이 됩니다.

> 사고로 전두엽 손상을 입은 윌리엄도 성격에 변화를 보일 것이다.

윌리엄이 피니어스 게이지와 유사한 변화를 보인다면, 전
두엽은 성격에 영향을 준다는 추정이 힘을 얻습니다. 우리는
현상(데이터)을 문제 삼아 패턴을 발견하고, 패턴을 정의함으
로써 반증이 가능한 가설을 세웠습니다. 그리고 그 가설을 다
듬는 것이 문제 정의의 첫 단계가 됩니다.

가설을 다듬는 심리학적 관점

우리는 데이터(사례)를 통해 패턴을 발견하고, 그것을 검증할 수 있는 형태의 가설로 정의했습니다.

사용자가 우리 앱에 접속한 뒤 약 5분 후 이탈할 것이다.

전두엽에 손상을 입으면 성격에 변화를 보일 것이다.

그런데 위의 두 문장을 검증하려니, 어딘가 개운치 않습니다. 두 가지가 빠졌기 때문입니다.

먼저 '의미'가 빠졌습니다. 가설을 검증한 후 전달하려는 의미가 무엇인가요? 목표하는 체류시간이 있을 때라야 의미가 생깁니다.

다음으로 '왜'가 빠졌습니다. 왜 전두엽의 손상이 성격에 영향을 미치는지 검증하지 못하면 가설을 검증하더라도 뇌에 대한 이해에 별로 도움이 되지 않습니다. 왜 뇌에 손상을 입으면 성격에 변화가 나타날까요? 뇌 부위마다 담당하는 역할이 다른 걸까요? 아니면 자신의 뇌가 손상되었다는 생각 자체가 성격에 영향을 미치는 걸까요? 한 번 사고를 겪고 나니 조심성이 증가해서 성격이 예민해진 걸까요? 같은 현상도 다양한 이유가 있을 수 있습니다.

왜 체류시간이 늘거나 줄어들까요? 앱에 흥미로운 콘텐츠가 많아서 계속 콘텐츠를 소비하며 머무는 것이라면 긴 체류시간은 문제가 아닙니다. 그런데 콘텐츠가 어려워서 내용을 이해하지 못하거나 화면 로딩이 늘어져서 빈 화면만 보인다면 검증해야 할 문제가 됩니다. 똑같이 체류시간이 늘어나도 왜 그런지에 따라 문제로 정의할 수도, 문제로 정의하지 않을 수도 있습니다.

가설과 문제를 연결하기

저는 방금 가설을 세운 뒤 이를 통해 문제를 정의하려면 결국 '왜'라는 질문을 중심으로 두어야 한다고 했습니다.

기획 당시 우리 앱 화면의 예상 체류시간은 10분으로 설정했습니다. 그런데 그보다 짧은 5분으로 나타난다면? 왜일까요? 콘텐츠가 부실해서일 수도 있습니다. 검증해 볼 가치가 있겠네요. 검증 결과 콘텐츠가 부실해서가 맞다면 콘텐츠(즐길 거리)를 보강해야 하고, 콘텐츠와 관련이 없다면 다른 가설을 찾아야 합니다.

전두엽 손상은 왜 성격 변화를 불러일으킬까요? 전두엽이 성격을 담당하기 때문일까요? 그렇다면 전두엽이 손상된 다른 사례들을 통해 그 의문점을 검증해 볼 수 있습니다.

'왜?'는 기획의 기본 원칙이기도 합니다. 심리학의 연구 대상은 인간과 사회이고 우리가 겪는 문제도 이 범주를 벗어나지 않습니다. 문제를 해결하는 방법으로 심리학적 관점이 쓰일 수 있다는 발상은 이곳에서 출발했습니다.

당연한 것을 의심하면 패턴이 보이고, 패턴을 통해 가설을 도출할 수 있습니다. 그리고 왜라는 질문을 거듭하면 가설을 문제와 연결할 수 있게 됩니다. 문제와 연결된 가설은 드디어 우리가 검증할 가치가 있는 가설이 됩니다. 여기까지 가설을 찾기 위한 여정이었습니다. 다음 장에서는 가설을 다양한 관점에서 '왜'를 질문하며 문제를 정의해 보겠습니다.

'왜'가 중요한 변수다

지금까지 문제를 알아채고 문제를 삼는 과정을 살펴봤습니다. 문제를 제대로 정의하지 못하면 현실에 정확하게 접근할 수 없습니다. 즉 우리 앱 서비스의 체류시간이 더 길어져야 하는지 짧아져야 하는지 하는 문제는 목표하는 의미에 따라, 왜 발생하는지에 따라 다르게 정의할 수 있습니다.

문제 정의가 문제 해결의 시작

앞서 우리가 운영했던 배달 앱 '잇츠배달'로 돌아가 봅시다. 우리 앱에 입점한 여러 업체의 재주문율이 오르락내리락하며 운영되고 있던 중 언제부턴가 업체 상당수의 재주문율이 하락하기 시작합니다. 예전 같지 않다는 이야기가 들려오면서 앱 운영이 힘들어집니다. 업체 몇 곳이 우리 서비스를 떠나고 소비자들도 덩달아 앱을 탈퇴하기 시작합니다. 앱 서비스 운영에 문제가 발생했네요. 이 문제를 어떻게 정의할 수 있을까요?

문제를 제대로 정의하기 위해서는 '왜'를 알아야겠죠?

1. 왜 소비자들은 우리 서비스를 떠나는 걸까?
→ 선택할 수 있는 메뉴의 수가 줄어서

2. 왜 메뉴의 수가 줄었지?
→ 업체들이 우리 플랫폼을 떠나기 때문에

3. 왜 업체들은 우리 플랫폼을 떠날까?
→ 재주문율이 대폭 하락해서

4. 왜 재주문율은 떨어졌을까?
→ 배달 속도가 느려서
→ 안 좋은 리뷰가 많아서
→ 배달비가 비싸서
→ 앱이 불편해서 …

네 번째 '왜'는 이유가 명확하지 않은 것 같습니다. 그러므로 여기가 우리가 문제를 정의해야 하는 지점입니다. 가설을 세워봅시다. 이전 데이터를 보니 앱의 UI를 대폭 개선한 뒤 재주문율이 감소한 듯 보입니다. '개선된 UI'와 '재주문율'이 우리가 다루어야 할 요소네요. 가설로 표현하면 '재주문율의 하락은 UI 개선 후 사용이 불편해졌기 때문이다'라고 할 수 있습니다.

가설은 변수들로 이루어진다

여기서 UI는 재주문율을 예측하는 변수가 됩니다. 그런데 곰곰이 생각해 보면 '재주문율'은 UI의 영향을 받겠지만, 거꾸로 'UI'는 재주문율의 영향을 받지 않습니다. 즉 UI는 단독으로 존재하는 요소라고 볼 수 있습니다. 심리학에서는 이런 녀석들을 '독립변수'라고 합니다.

그에 비해 재주문율은 UI에 의해 결정됩니다. 사용하기 편하면 계속해서 사용할 것이고 불편하면 앱을 사용하지 않을 테니까요. 물론 UI 이외에도 재주문율에 영향을 미치는 요소는 많이 있겠지만요. 이런 재주문율 같은 녀석들은 다른 요소에 의해 결정된다고 해서 '종속변수'라고 부릅니다.

변수는 어떤 관계를 맺는가

UI라는 요소는 사용하기 편할 수도 불편할 수도 있고, 재주 문율은 높아지기도 낮아지기도 합니다. 문제를 정의하기 위해선 문제 사이에 끼어있는 이런 변수들을 찾아 관계를 정의해야 합니다. 변수 간의 관계를 알아야 비로소 문제 정의가 완성되는 거죠. UI와 재주문율의 관계는 'UI가 사용자 친화적일수록 재주문율이 높아진다'라고 정의해볼 수 있습니다. 그렇다고 한다면 UI와 재주문율은 '독립변수'와 '종속변수'로 관계 맺고 있는 것이겠네요. 하지만 변수에는 독립변수와 종속변수 외에 '매개변수', '조절변수', '가외변수' 등 다양한 종류가 있습니다. 변수 간의 관계에 따라 변수의 이름이 달라지죠.

독립변수와 종속변수의 연결고리 역할을 하는 '매개변수'는 독립변수의 결과인 동시에 종속변수의 원인이 되는 변수를 말합니다. UI(독립변수)가 사용자 친화적일수록 사용자 만족도가 올라가고 사용자 만족도가 올라갈수록 재주문율(종속변수)이 올라갑니다. 이처럼 사용자 만족도는 UI의 사용자 친화성과 재주문율의 관계를 이어줍니다. 그러므로 '사용자 만족도'는 UI와 재주문율의 매개변수입니다.

'간결한 디자인' 역시 UI의 효과에 영향을 미칠 수 있겠죠? 모바일 환경이 익숙한 세대일수록 간결한 디자인을 선호하는 경향이 있습니다. 디자인이 간결해지려면 기능 버튼이 작은 아이콘으로 대체되거나 부가적인 메뉴는 '더 보기' 속으로 숨기는 등 생략해야 할 요소가 많아집니다. 이러한 변화는 모바일 사용이 익숙하지 않은 사용자에게는 오히려 어렵게 느껴질 수 있습니다. '이 그림은 무슨 의미지?', '영수증은 어디서 볼 수 있지?' 등 직관적으로 알기 어려우니까요. 즉 간결한 디자인이라는 요소는 재주문율에 긍정적인 영향을 줄 수도, 부정적인 영향을 줄 수도 있습니다. UI(독립변수)와 재주문율(종속변수)에 미치는 영향을 중간에서 조절하고 있는 거죠. 이런 변수를 '조절변수'라고 합니다.

한편 독립변수에는 영향을 주지 않으면서 종속변수에는 영향을 주는 '가외변수'가 있습니다. 예를 들어 날씨가 안 좋아서 외출이 힘들면 배달 앱 사용 빈도가 올라가고, 앱 사용 빈도가 늘어나면 주문 건수도 상승합니다. 주문 건수가 올라가면 재주문도 많아지겠네요. 그렇다면 UI가 바뀌지 않아도 재주문율이 올라갈 수 있습니다. UI(독립변수)에 상관없이 재주문율(종속변수)을 상승시키거나 하락시킬 수 있는 '날씨'는 가외변수입니다.

마침 배달 앱 서비스 '잇츠배달'의 UI를 새롭게 개편하는 날, 날씨가 엄청나게 추워졌다고 상상해 볼까요? 그렇다면 UI가 좋아졌는가와 무관하게 재주문율이 상승할 수 있습니다.

이때 날씨의 영향을 고려하지 않는다면, 즉 가외변수를 주의 깊게 관찰하지 않는다면 UI가 좋아졌다고 잘못된 판단을 할 수 있습니다. 그러므로 가설 검증에 영향을 미칠 수 있는 가외변수는 반드시 고려해야 합니다.

마지막은 '통제변수'입니다. 통제변수는 연구자가 임의로 통제하는 변수를 뜻합니다. 독립변수가 종속변수에 미치는 영향을 명확히 가려내기 위함입니다. 예를 들어 '잇츠배달'의 경쟁 앱에서 대규모 할인 이벤트를 진행한다고 생각해 봅시다. 그렇다면 우리 앱 사용자들도 경쟁 앱에서 주문하겠죠. UI(독립변수)와 무관하게 재주문율(종속변수)에 영향을 줄 수 있겠네요. '경쟁사의 이벤트'는 예상할 수 있는 가외변수이며, 이 변수의 영향을 통제할 필요가 있습니다. 경쟁사에 이벤트를 하지 말라고 할 수는 없으니 우리 앱의 UI가 재주문율에 미치는 영향을 보기 위해서는 경쟁사가 이벤트를 하지 않는 기간에 데이터를 수집하고 가설을 검증해야 합니다. 이렇게 독립변수와 종속변수 간의 관계를 왜곡할 여지가 있는 변수들을 사전에 차단하여 영향력을 배제하는 것을 '통제한다'라고 표현합니다.

새로운 개념이 많이 등장했는데요. 간략히 정리해 보겠습니다.

검증하려는 가설

현재 재주문율이 떨어지는 것은 이번에 개선한 UI가 기존보다 불편하기 때문이다.

문제 정의를 위한 가설에 포함되는 핵심 변수

독립변수 영향을 주는 변수(UI)

종속변수 영향을 받는 변수(재주문율)

가설 UI가 불편하면 재주문율이 떨어진다.

독립변수와 종속변수의 관계에 영향을 미치는 변수

매개변수 독립변수와 종속변수 사이에서 둘을 이어줌(사용자 만족도)

(좋은 UI → 높은 사용자 만족도 → 재주문이라면 사용자 만족도는 UI와 재주문을 매개함)

가설

1. UI가 좋으면 사용자 만족도가 높아질 것이다.

2. 사용자 만족도가 높아지면 재주문율이 올라간다.

3. (1과 2를 종합하여) UI가 좋으면 재주문율이 올라갈 것이다.

(한 문장으로 '사용자 만족도는 UI와 재주문율의 관계를 매개할 것이다'라고 할 수도 있음)

조절변수 독립변수가 종속변수에 미치는 효과를 변화시킴(간결한 디자인) (간결한 디자인은 재주문율을 상승 또는 하락시킴)

가설 간결한 디자인은 UI가 재주문율에 미치는 영향을 조절할 것이다.

가외변수 독립변수와 상관없이 종속변수에 영향을 줌(날씨) (UI와 상관없이 날씨는 재주문율에 영향을 줌)

    가설   날씨는 UI와 관계없이 재주문율에 영향을 미칠 것이다.

통제변수 독립변수와 종속변수의 관계에 영향을 줄 수 있으므로 영향력을 배제시키는 변수 (경쟁사의 할인 이벤트는 우리 앱의 UI와 상관없이 재주문율에 영향을 줄 수 있기 때문에 이벤트를 하지 않는 기간의 데이터만 수집함)

    가설   경쟁사의 이벤트가 없는 기간의 데이터를 수집해야 UI와 재주문율의 관계를 명확히 관찰할 수 있을 것이다.

경쟁사의 이벤트는 가외변수인 동시에 통제변수가 되었습니다. 경쟁사의 존재는 조절변수가 될 수도 있습니다. 경쟁사의 UI에 따라 우리 앱의 UI가 편하게 느껴질 수도 불편하게 느껴질 수도 있기 때문입니다. 즉 UI가 재주문율에 미치는 효과를 조절하게 됩니다. 이처럼 변수 간의 관계는 다양한 요소가 얽혀 있는 복잡한 영역입니다. 변수 이름을 외우는 것보다 변수 간의 관계와 그 양상을 파악하는 것이 더 중요합니다. 변수 간의 관계가 결국 문제 정의의 핵심입니다.

변수의 관계를 알아야 문제가 보인다

  '왜'를 고민하다 보면 여러 변수의 다양한 관계로 생각이 연결됩니다. 변수 간의 관계에 따라 문제에 대한 해결책이 달라질 수 있기 때문이죠. 표면적인 의미를 넘어 변수가 맺고 있는 관계를 본질적으로 파악할 수 있다면 문제가 정의되는 동시에 해결되기 시작합니다. 어쩌면 문제에 대한 해결책을 찾는 것보다 문제를 정의하는 게 더 어려울 수 있습니다. 문제를 제대로 정의했다면, 이제 가설의 형태로 나타낼 수 있습니다.

가설1 UI가 불편하면 재주문율이 떨어진다.
(독립변수와 종속변수가 직접 관련)

가설 2 UI가 좋으면 사용자 만족도가 올라가서 재주문율이 높아질
것이다. (매개변수)

가설 3 간결한 디자인은 UI가 재주문율에 미치는 영향을 조절할
것이다. (조절변수)

가설 4 날씨는 UI와 관계없이 재주문율에 영향을 미칠 것이다.
(가외변수)

이 가설들은 반증 가능한가요? 우리는 이제 영가설을 기각하기만 하면 됩니다. UI가 불편해져서 재주문율이 떨어진다는 것을 검증하기 위해서는 'UI와 재주문율은 상관이 없다'라는 영가설이 기각되어야 합니다. 즉 UI와 재주문율이 상관이 있다는 사례가 발견되어야 합니다. 지난 UI 개편 때도 재주문율에 변화가 있었다면 영가설이 기각되고 우리의 본래 가설이 힘을 얻을 겁니다. UI를 개편하지 않았는데 재주문율이 크게 변한 사례가 있으면 어떨까요? 영가설이 힘을 얻고 우리의 가설은 힘을 잃습니다. 이 경우 새로운 문제 정의가 필요합니다.

반복해서 말하지만, 변수 사이의 관계에서 어떤 효과를 주고받는지를 밝혀내는 것이 곧 문제 정의가 됩니다. 결국 성공적인 기획은 문제를 정확히 이해하고 정의하는 것에서 시작됩니다. 이번 장이 관계의 형태를 기준으로 변수들을 나누었다면 다음은 관계의 속성에 관한 이야기를 해보도록 하겠습니다.

어떻게 관계가 변하니?

앞에서 설명한 내용을 한 문장으로 정리하면 '변수 간의 관계를 통해 문제를 정의할 수 있다'입니다. 변수 간의 구조가 곧 문제의 구조니까요. 매개변수, 조절변수, 가외변수 등은 모두 문제의 구조에 해당하는 내용입니다. 구조를 시각화하면 다음 페이지의 그림처럼 나타납니다. 논문에서는 변수 간의 관계를 시각화한 것을 '연구모형'이라고 부릅니다.

변수의 관계는 곧 문제의 구조

변수 간의 구조를 이해하기 위해 새로운 예시로 복습해 볼까요? 이번에는 브랜드 유튜브 채널을 운영해 봅시다. 조회수

변수 간의 관계 모형 (화살표의 방향이 영향을 주는 방향)

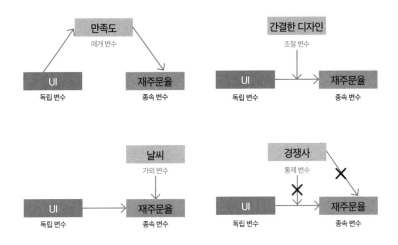

가 잘 나오게끔 콘텐츠를 만들고 싶은데요. 섬네일과 제목이 좋으면 더 많은 클릭을 유도할 것이고 조회수도 많이 나오겠다는 생각이 듭니다. 섬네일은 조회수에 영향을 미칠 테니 아래의 가설을 세울 수 있습니다.

독립변수 영상 섬네일(제목) **종속변수** 조회수
가설 1 영상 섬네일은 조회수에 영향을 미친다.

가설을 고도화시키기 위해 '왜'를 고민해 봅니다. 왜 섬네

일은 조회수로 연결될까요? 유튜브 사용자의 흥미를 유발하는 섬네일이 플랫폼 알고리즘에 긍정적인 영향을 주고, 그 결과 조회수가 높아진다고 해석할 수 있습니다. 그렇다면 매개변수를 정의해볼 수 있겠네요. 사용자 맞춤형 섬네일, 즉 타깃이 확실한 섬네일은 알고리즘이라는 매개변수를 통해 조회수에 영향을 미치고 있습니다.

독립변수 영상 섬네일(제목)

종속변수 조회수

매개변수 알고리즘

가설 2 알고리즘은 섬네일과 조회수 사이의 관계를 매개할 것이다.

그런데 섬네일을 잘 만들면 무조건 조회수가 높을까요? 그렇지 않을 수도 있죠. 조절변수는 없을까요? 업로드 시간대는 어떤가요? 모두가 잠든 새벽 2시에 올리기보다 퇴근 또는 저녁 식사 시간이 더 유리하지 않을까요? 검증해 볼만한 조건이네요.

독립변수 영상 섬네일(제목)

종속변수 조회수

매개변수 알고리즘

조절변수 업로드 시간

가설 3 업로드 시간은 섬네일이 조회수에 미치는 영향을 조절할 것이다.

마지막으로 지금까지 나온 변수의 관계를 명확히 알기 위해서 무엇을 통제해야 할까요? 만일 영상의 길이가 매번 극단적으로 달라진다면 조회수가 달라질 수 있습니다. 2시간짜리와 10분짜리 영상은 시청을 결정할 때 느껴지는 부담이 다르니까요. 섬네일이 조회수에 미치는 영향을 정확히 검증하기 위해서는 모든 영상의 길이를 유사하게 맞추는 것이 좋겠습니다.◈ 지금까지 찾아본 우리의 변수는 아래와 같이 정리됩니다.

독립변수 영상 섬네일(제목)

종속변수 조회수

매개변수 추천 알고리즘

조절변수 업로드 시간

통제변수 영상 길이

이처럼 변수 간의 구조를 통해 문제의 구조를 파악할 수 있

◈　　사실 통제변수는 가설을 검증할 때 영향을 미치지 않도록 조치할 뿐 일부러 통제변수를 검증하기 위한 가설까지 세우지는 않습니다. '이것이 통제변수다'라는 것을 증명하기 위한 연구가 아니라면요. 그래서 이 책에서도 가설을 세우지 않았습니다.

습니다. 이외의 가설도 얼마든지 만들어낼 수 있겠죠.

관계의 성질, 인과관계와 상관관계

문제 구조를 파악하다 보니 계속해서 변수 간의 '관계'가 등장하죠? 드디어 관계라는 녀석을 파헤칠 차례입니다. 여기서는 가장 큰 기준이 되는 두 가지 차원을 살펴보려 합니다. '상관관계'와 '인과관계'입니다.

'상관관계'는 두 변수가 서로 관련이 있음을 의미합니다. 날씨가 추워질수록 감기에 걸리는 사람이 많아집니다. 날씨와 감기는 상관이 있어 보입니다. 여름이 되면 아이스크림 소비량과 물놀이용품 판매가 함께 증가합니다. 아이스크림 소비량이 증가할 때 물놀이용품 판매량도 함께 증가합니다. 둘은 상관관계가 있습니다.

온라인 쇼핑 앱의 이용자 수가 많아질수록 매출액도 늘어날 것으로 예상할 수 있습니다. 이용자 수가 많으면 그만큼 구매자도 많아지고, 구매자가 많아지면 구매액의 규모도 함께 증가할 테니까요. 즉 이용자 수와 매출액은 상관관계에 있다고 할 수 있습니다.

물론 동시에 높아져야만 상관이 있는 것은 아닙니다. 나와 같은 물건을 판매하는 판매자가 많아지면 우리 업체에서 구매하는 사람 수는 줄어들 겁니다. 판매자 수와 개별 제품 구매 건수는 '역상관관계'입니다. 마찬가지로 온라인 광고비와 개별 상품의 순이익도 역상관관계를 가질 수 있습니다. 예를 들어 광고비를 과도하게 지출하면 더 많은 고객을 유치할 수는 있겠지만 그만큼 비용이 증가해 개별 상품의 순이익은 감소할 가능성이 높습니다. 이처럼 두 변수가 반대 방향으로 움직이는 경우에도 상관관계가 존재합니다.

'인과관계'는 한 변수가 다른 변수에 영향을 미치는 명확한 원인과 결과의 관계를 뜻합니다. 예를 들어 쇼핑몰에서 무료 배송 이벤트를 진행하면 구매율이 증가합니다. 무료 배송 이벤트가 구매를 유도하는 직접적인 원인(원인)이고 구매율 상승이 그 결과(결과)입니다.

다른 예로 리뷰 수가 많은 상품일수록 구매율이 높아지는 경우를 생각해 볼 수 있습니다. 리뷰가 많다는 사실이 고객에게 신뢰감을 주고 구매 결정을 촉진하는 원인으로 작용하기 때문입니다. 이 경우 리뷰 수와 구매율 사이에는 인과관계가 성립합니다.

인과관계는 상관관계와 달리 구체적인 실험이나 데이터를 통해 증명되어야 합니다. 단순히 두 변수가 함께 변한다고 해서 반드시 인과관계가 있다고 보기 어렵습니다. 예를 들어 무료 배송 이벤트를 하는 동시에 가격 할인 쿠폰을 뿌렸다고 가정해 봅시다. 그렇다면 구매율이 증가한 것이 무료 배송 때문인지, 가격 할인 때문인지 정확히 알 수 없습니다. 즉 이럴 때는 무엇이 인과관계인지 명확히 밝힐 수 없습니다.

인과관계처럼 보이지만 알고 보면 상관관계인 경우도 주의해야 합니다. 상품의 노출량이 증가하면 매출도 증가할 것으로 기대할 수 있습니다. 이때 노출량과 매출이 함께 증가한다면 마치 노출량이 매출의 원인처럼 보이기 쉽습니다. 하지만 매출 증가의 직접적인 원인은 구매 건수입니다. 노출이 늘어난다고 해서 무조건 구매가 일어나지는 않지요. 그렇다면 노출량보다 더 직접적인 원인이 되는 변수가 있다는 뜻입니다. 노출량과 매출은 인과관계처럼 보이지만, 사실은 상관관계일 확률이 높습니다.

상관관계를 밝힐 수 있는 것만으로도 훌륭한 연구가 될 수 있습니다. 관련이 적거나 입증된 적이 없는 두 요소의 관련성을 밝힐 수 있기 때문입니다. 그러나 문제를 제대로 풀기 위해서는 인과를 밝혀야 하지요. 상관관계를 인과관계로 착각하면 문제에 효과적으로 대응할 수 없습니다. 문제의 직접적인 원인과 결과, 인과를 명확하게 밝혀야 문제를 해결할 수 있습니다.

문제가 풀리는 심리학적 관점

인과를 밝히기 위해서는 직접적인 영향을 주는 변수를 찾아내야 합니다. UI와 구매율 사이에 있는 상품의 품질이라는 변수, 섬네일과 조회수 사이에 있는 콘텐츠의 가치라는 변수, 노출 빈도와 매출액 사이에 있는 구매 전환율이라는 변수 등 문제에 직접적인 원인이 되는 녀석입니다. 동시에 간접적인 변수를 배제할 수 있어야 합니다. UI가 아무리 멋지고 사용하기 편해도 상품의 품질이 좋지 않다면 구매는 일어나지 않습니다. 콘텐츠가 담고 있는 내용이 별로라면 섬네일이 아무리 매력적이어도 조회수 상승은 일시적일 수밖에 없습니다.

우리가 설정한 독립변수와 종속변수의 인과를 밝히기 위해서는 둘의 관계에 영향을 주는 다른 변수의 영향을 배제해야 합니다. 통제변수를 두는 거죠. UI 개편이 재구매율에 미친 영향을 보고 싶다면 경쟁사의 이벤트 기간은 피해야 하는 것처럼요.

영향을 완전히 배제할 수 없다면 거의 동일한 영향을 받는 상태를 가정해도 좋습니다. 지난번(UI 개편 전) 경쟁사가 유사한 이벤트를 했던 기간과 UI 개편 후 비슷한 이벤트를 하는 기간을 비교하는 겁니다. '경쟁사 이벤트'라는 영향을 없애지는 못했지만, 동일한 영향을 미치고 있는 기간이라면 그 영향의 힘이 상쇄됩니다.

현실에서는 특정 변수를 완벽히 통제하는 것이 매우 어렵습니다. 그래서 심리학자들은 실험 연구를 좋아합니다. 실험이라면 통제변수의 영향을 거의 완벽에 가깝게 통제할 수 있기 때문입니다.

도서관 방문 횟수가 성적에 미치는 영향을 실험 연구의 방식으로 검증해 봅시다.

도서관 방문 횟수가 많을수록 성적이 높아질 것이다.

현실이라면 학생마다 평소 학습량, 지능, 선호하는 과목 여부, 선행 학습, 시험 보는 날의 컨디션, 도서관에 머문 시간, 선생님의 교수법, 시험 범위 등 매우 다양한 요소가 성적에 영향을 미칠 것입니다. 하지만 실험이라면 이런 요소들을 최대한 통제할 수 있습니다. 같은 수업을 들은 학생, 지능검사 결과가 유사한 학생, 성적이 비슷한 학생, 선행 학습량이 비슷한 학생으로 참가자를 제한할 수 있기 때문이지요. 최대한 조건을 똑같이 맞추고 딱 한 가지만 다르게 하는 겁니다. 우리가 보고자 하는 '도서관 방문 횟수'만요. 다른 조건(지능, 수업 내용, 선행 학습량 등)은 동일하다는 가정하에 시험 기간 동안 도서관을 20번 간 학생과 5번 간 학생을 비교한다면 둘의 차이는 도서관 방문 빈도에서 발생했을 가능성이 높습니다. 도서관 방문 횟수와 성적이 '관련 있음'을 검증한 것이지요.

하지만 아직은 이것을 인과라고 확신할 수 없습니다. 우리가 발견한 것은 상관관계입니다. 참가자들이 도서관에서 얼마나 몰입해서 공부했는지에 따라 실험 결과는 달라질 수 있습니다. 그렇다면 이번엔 도서관 방문 횟수가 아니라 공부에 집중하는 학습 시간에 차이를 두어 실험을 반복해 볼 수 있겠죠. 이처럼 떠올릴 수 있는 변수들을 가능한 한 많이 배제할수록, 독립변수와 종속변수의 관계는 인과에 가까워집니다.

핵심은 독립변수를 제외한 나머지를 같은 상태로 만드는 것입니다. 같은 상태의 두 상황을 다르게 만드는 유일한 조건이 바로 차이를 만드는 원인입니다. 1부의 내용을 기억한다면 눈치챘을 겁니다. 실험을 통해 밝히는 인과 역시 확률의 형태로 존재합니다. 연구실이 아닌 현실 세계라면 더더욱 그럴 수밖에요. 통제할 수 없는 변수가 훨씬 많아지니까요.

이것이 심리학에서 문제의 원인을 밝히는 방식입니다. 문제의 근본적인 원인을 찾아 그 인과관계를 밝힐 수 있다면 문제를 해결할 수 있습니다.

기획자를 위한 경험 분석 실전편

심리학의 연구 과정을 들여다보면 기획자가 문제를 찾고, 정의하고, 해결해 나가는 방식과 많이 닮았습니다. 연구 설계를 명쾌하게 할 수 있다면 기획도 명쾌하게 해낼 수 있습니다. 이번에는 제 개인적인 경험을 구조적인 관점으로 분석해보겠습니다.

개인적인 경험도 해석하기 나름

저는 강릉의 아르떼 뮤지엄에서 'ETERNAL NATURE(영원한 자연)'이라는 제목의 미디어아트 전시를 관람했습니다. '시공간을 초월한 자연'이라는 뜻인데요. 자연은 영원하지 않고 유한하기에 귀하고 아름다울 수 있습니다. 그런 의미에서 전시 제목이 꽤 역설적이지요.

전시장에 들어서면 디지털 기술로 그려낸 자연경관이 펼쳐집니다. 기술적으로 펼쳐진 자연. 전시 제목과 마찬가지로 역설적입니다. 전시 구역은 WATERFALL, FLOWER, BEACH &CLOUD, GARDEN, STAR, WAVE, FOREST 등 자연의 이름을 따서 존을 나누었습니다. WATERFALL 구역에서 소리에 압도당하는 경험을 했습니다. 힘차게 폭포수가 떨어지는 소리가 가득하다가 갑자기 스크린 속 폭포수 영상이 물소리와 함께 멎는 구간이 있습니다. 실제 폭포에서는 볼 수 없는 여백이지요. 엄청난 고요함이 공간에 맴돕니다. 두 상태의 강한 대비로 인해 자연의 웅장함과 미디어아트에서 느껴지는 신비감이 자연스럽게 와닿았습니다.

BEACH&CLOUD 존은 스크린에서 바다의 수평선이 보이고 전시실의 오른쪽과 왼쪽 끝에는 거울이 있어 해안선이 끝없이 이어지는 것 같습니다. 거울 속 해안선은 거울로 느껴지지 않고 무한한 공간으로 느껴졌습니다.

각 구역은 저마다 향이 풍겼는데요. 물리적, 시각적일 뿐만 아니라 후각으로도 공간을 분할하고 있더라고요. 굿즈 샵에서는 각 공간의 이름이 붙은 디퓨저를 구매할 수 있었습니다. 구매한 디퓨저의 향 덕분에 전시 경험이 집까지 따라 들어온

아르떼 뮤지엄 강릉, BEACH&CLOUD 존 (사진 출처: 디스트릭트)

느낌이었습니다. 전반적으로 만족스럽고 인상 깊은 전시였어요. 혹시 "우리도 행사 공간에 디퓨저 배치하고 굿즈로 팔아야겠다."라는 생각을 하지는 않았나요? 지금까지 심리학적 관점을 공부했으니 벤치마킹 이상의 분석을 해봅시다.

저는 전시 관람 후 왜 만족감을 느꼈을까요? 전시의 만족도를 결정하는 변수를 '굿즈'라고 해봅시다. 과연 굿즈 때문이었을까요? 예전에 다녀왔던 전시회 중에는 굿즈가 아쉬웠지만 만족했던 관람 경험이 있습니다. 그렇다면 좋은 굿즈가 만족감의 직접적인 원인은 아닌 것 같습니다.

그렇다면 '티켓 가격'은 어떨까요? 티켓 가격이 저렴할수록 기대감이 크지 않아서 전시에 전반적으로 만족할 확률이 높아질 수 있습니다. 티켓 가격과 전시에 대한 만족도는 어느 정도 상관이 있어 보이네요. 하지만 티켓 가격 자체가 전시 관람 만족감의 직접적인 원인이 될 수는 없습니다. 전시 가격이 저렴하다는 이유가 전시회의 감동을 깊이 만들 수는 없으니까요. 티켓 가격과 전시 만족도 간의 관계는 상관관계는 충족하지만, 인과관계는 충족할 수 없습니다.

전시 관람 중 느꼈던 '감정'은 전시 만족도를 결정하는 변수가 될 수 있을까요? 저는 이 전시에서 기쁨, 슬픔, 분노와는 조금 다른, 여러 감정과 감각이 뒤섞인 복합적인 느낌(인상)인 대비감, 웅장함, 공간감, 신비감 등을 느꼈습니다. 제가 느낀 감정은 전시 요소에 의해 유발된 종속변수입니다. 하지만 만족감이라는 종합적인 평가를 유발하기도 했습니다.

그렇다면 이 전시에서 독립변수는 뭘까요? 거울을 사용한 공간? 실제 자연처럼 느껴지는 완성도? 저는 전반적으로 전시 공간이 '영원한 자연'이라는 역설적인 전시 주제를 잘 표현하고 있다고 느꼈습니다. 주제와 어울리는 높은 공간적 완성도가 제 만족도의 직접적인 원인이었던 거죠. 이제 가설을 세워본다면 "전시 공간이 주제와 잘 어울릴수록 만족도가 올라갈 것이다."라고 할 수 있겠습니다.

저는 전시의 목적과 콘셉트가 전시 공간과 잘 맞아떨어질 때 몰입이 잘되며 만족을 느끼는 사람인가 봅니다. 저에 대해 좀 더 알게 되었네요. 제가 기획하는 행사는 각각의 공간에서 느낄 수 있는 감정이 행사의 주제와 맞아떨어질 수 있도록 신경을 써야겠다는 것을 배웠습니다. 이 과정은 제 개인적인 해석으로 정답이라고 할 수는 없습니다. 하지만 이처럼 구조적인 관점에서 자신만의 해석을 내릴 수 있다면 나만의 개성이자 무기가 될 수 있습니다.

경험 분석을 위한 체크리스트

◈

앞선 전시 관람 경험은 제가 기획하는 행사에 몰입감이 떨어진다는 문제가 발생할 때 유용하게 써먹을 수 있을 겁니다. 저와 닮은 사람들이 경험하게 될 몰입감의 구조를 잘 알고 있으니까요. 물론 참가자들이 직접적으로 "몰입감이 떨어져요."라고 말하지는 않습니다. 만족도 조사에서 수치가 낮거나 사람들이 지루해하거나 중도 이탈하거나 단번에 이해하지 못하는 식으로 나타나겠지요. 그럴 때 문제의 구조를 보는 겁니다. 만족도가 몰입과 관련되어 보인다면 위의 경험을 토대로 해결을 시도할 수 있을 것입니다. 행사를 진행하는 공간이 단조롭게 느껴진다면 색의 대비를 활용해 다이나믹한 디자인을 뽑는 등 공간마다 분위기를 달리해 다채로운 경험을 구성할 수 있을 거고요.

경험 분석을 위한 단계별 체크리스트

1단계. 문제 인식
☑ 내가 느끼는 문제는 무엇인가?
☑ 왜 문제라고 생각하는가?
☑ 문제가 발생하는 상황을 이해하는가?

2단계. 변수 파악
☑ 문제에 영향을 미치는 변수는 무엇인가? (예: 환경, 사람, 시간 등)
☑ 변수를 독립변수와 종속변수로 구분할 수 있는가?
☑ 각 변수는 어떻게 상호작용을 하는가?

3단계. 인과관계 파악
☑ 독립변수가 종속변수에 어떤 영향을 미치는가?
☑ 다른 변수들은 이 인과관계에 어떤 역할을 하는가?
  (외부 요인, 제3의 변수 등)
☑ 변수 간의 상관관계와 인과관계를 구분할 수 있는가?

4단계. 실험적 접근(리서치 상황이라면)
☑ 통제해야 하는 변수가 있는가?
☑ 통제변수 통제 방법은 무엇인가?
☑ 변수가 통제된 상황에서 결과는 어떻게 변화하는가?

☑ 분석 과정에서 무엇을 개선할 수 있었는가?

☑ 변수를 통제할 다른 방식은 없는가?

☑ 새로운 변수가 나올 필요는 없는가?

☑ 결과를 바탕으로 추가적인 실험이나 분석이 필요한가?

기획자가 써먹는 구조적인 관점

지금까지의 내용을 구조적인 관점으로 정리하면 아래와 같습니다.

1. 관심 수준에 따른 문제의식을 가진다

→ 프로젝트 전체를 리딩하는 프로젝트 매니저 vs 앱 화면을 설계하는 UX 기획자 (203~204쪽)

2. 현상을 관찰하고 패턴을 도출한다

→ 덕훈이와 우근이의 앱 화면 체류시간, 피니어스 게이지의 전두엽 손상 예시 (204~209쪽 참조)

3. 변수를 설정하고 변수들의 관계를 통해 문제를 정의한다

→ 배달 앱의 UI와 재주문율의 관계 예시 (216~218쪽 참조)

4. 변수 간의 구조, 특히 인과관계와 상관관계를 명확히 구별한다
→ 도서관 방문 횟수와 성적의 관계 예시 (228~229쪽 참조)

1. 관심 수준에 따른 문제의식을 가진다

저는 축제 기획자로 일을 한 적이 있습니다. 프로그램 기획, 예산 집행, 현장 운영을 관리했지요. 마케팅 에이전시에서는 마케터로 일하며 오프라인 세미나와 온라인 콘텐츠를 기획하기도 했습니다. 돌이켜보니 저는 '어떤 경험을 만들 것인가' 라는 관점에서 일을 해왔습니다. 저의 초점은 '경험'이었고 이후에는 자연스럽게 UX에 관심을 두게 되었습니다.

UX도 세부 분야가 다양합니다. HCI(인간-컴퓨터 상호 작용)◈, UI 디자인, 정보구조 및 웹 설계, 서비스 기획 등이 있지요. 그 중에서도 제 관심사는 텍스트, 즉 UX 라이팅이었습니다. 대학원에서부터 진술 분석 등 언어와 심리에 관심이 많았거든요.

저의 관심에 따라 기획자로서의 문제의식은 그때마다 달라졌습니다. 축제 기획을 할 때 가지고 있던 문제의식은 '자연환경, 지역 상생, 문화예술'과 같은 큰 범주였습니다. 그래서

◈   HCI(Human-Computer Interaction)는 사람과 컴퓨터 사이의 상호작용을 연구하는 학문 분야로 기술을 더 효율적이고 직관적으로 설계하여 사용자 경험을 향상시키는 것을 목표로 합니다. UI 디자인, 사용성 테스트, UX 설계 등이 주요 연구 대상입니다.

'자연 친화적인 가치를 전하고 지역 상생을 도모하는 문화예술축제'에 목표를 두었지요. 그에 비해 UX 라이팅은 관심 수준이 좁아진 느낌입니다. 사용자 개인의 경험, 그중에서도 텍스트까지 깊이 들어갔으니까요. '텍스트를 통해 형성되는 디지털 경험 개선'이 UX 라이팅 기획을 할 때 제가 느낀 문제의식입니다. 그럼 텍스트만으로 사용자 경험에 영향을 줄 수 있을까요? 제가 가진 문제의식을 살펴보겠습니다.

2. 현상을 관찰하고 패턴을 도출한다

현재 UX 라이팅이 가장 활발하게 논의되는 영역은 금융업계입니다. 은행이 기존 대면 업무 중심의 운영 방식을 벗어나 디지털 영역으로 넘어오면서 기존에는 창구에서 말로 설명하던 내용을 앱에서 글(텍스트)로 설명해야 하는 상황이 된 것이지요. 특히 코로나 이후에는 디지털 환경에 익숙하든 익숙하지 않든 모바일/웹 환경에서 은행 업무를 보는 것이 당연한 시대가 되었습니다.

금융 업무는 남녀노소를 가리지 않습니다. 초등학생부터 90세 어르신까지 누구나 금융기관을 이용하니까요. 따라서 금융 서비스는 모두가 접근할 수 있는 쉬운 사용성을 전제로 해야 합니다. 하지만 그에 비해 금융 용어는 어렵고 상품의 내용도 굉장히 복잡합니다. 게다가 디지털 환경에는 그 설명이 모두 텍스트로 되어 있으니 불편함을 느낄 수밖에요.

이때 국내 핀테크 시장에 게임 체인저가 나타납니다. 토스의 등장입니다. 지금도 UX 라이팅의 선두 주자로 항상 토스가 언급되는데요. 그만큼 토스는 사용자 관점의 쉬운 언어로 금융 서비스를 제공하기 시작했습니다. 그리고 엄청난 속도로 성장합니다. 이러한 현상을 관찰한 기존 은행들도 하나둘 UX 라이팅에 관심을 가지기 시작하는데, 텍스트 개선으로 전환율◈이 상승하거나, 매일 들어오던 똑같은 문의가 줄어들고 내용을 오해하는 사람들이 줄어드는 등 효과를 보게 됩니다.

제가 있던 회사에서 진행하던 'UX 라이팅 프로젝트' 역시 마찬가지였습니다. UX 라이팅 프로젝트는 고객사의 앱/웹 서비스에서 텍스트로 이루어지는 사용자 경험을 개선하는 작업입니다. 어려운 단어를 쉬운 단어로 바꾸고, 번역체 문장을 자연스러운 한국어 문장으로 개선하고, 더 간결하고 명료한 문장으로 대체하여 사용자 경험을 개선하는 일입니다.

이 프로젝트를 반복하면서 현상을 관찰한 데이터가 쌓이기 시작했습니다. 'UX 라이팅 프로젝트를 했더니 전환율이 개선

◈ 웹 사이트나 화면에 접속한 사람 수 대비 유도된 행동을 한 사람의 비율을 말합니다. 상품을 판매하기 위한 화면이었다면, 조회수 대비 상품 판매 건수가 전환율이 됩니다. 금융 서비스라면 대출 상품 설명 페이지 조회수 대비 상담요청 건수 등이 전환율이 되겠네요.

되더라', '고객 만족도가 올라가더라', '불편함에 대한 호소가 줄어들더라' 하는 소리가 들려온 겁니다.

3. 변수를 설정하고 변수들의 관계를 통해 문제를 정의한다

UX 라이팅 프로젝트를 하며 텍스트 개선이 전환율에 긍정적인 영향을 미친다는 패턴을 발견했습니다. 여기서 변수는 '텍스트 개선'과 '전환율'이 되겠네요. 텍스트 개선이 전환율에 긍정적인 영향을 줄 수 있다는 것이 사실이라면 이것은 우리가 정의할 문제가 될 수 있습니다. '텍스트 개선이 전환율에 긍정적인 영향을 미친다'라는 가설은 '현재 전환율이 저조한 것은 텍스트가 불편하기 때문이다'라는 문제로 정의됩니다.

물론 이것이 제대로 된 문제 정의가 되려면 '텍스트 개선'이라는 변수와 '전환율'이라는 변수의 관계가 확실해야 합니다. 만약 금융 앱에서의 변수 관계를 살펴본다면 '텍스트 개선'과 '전환율' 사이에는 사용자가 지각하는 '편의성'이라는 매개변수, '구매 시기'라는 조절변수, '이자율'이라는 가외변수가 있을 수 있습니다.

4. 변수 간의 구조, 특히 인과관계와 상관관계를 명확히 구별한다

'텍스트 개선'과 '전환율'이 상관관계가 있다는 것만으로도 UX 라이팅 프로젝트는 매력적인 제안이 될 수 있습니다. 하지만 더 강력한 제안이 되려면 둘의 인과를 증명하는 것이 좋습니다. 둘이 상관관계가 있을 때는 "텍스트를 개선하면 전환율이 상승하는 경향이 있습니다."이지만 둘의 인과관계가 확실하다면 "텍스트를 제대로 개선하면 전환율은 반드시 상승합니다."라고 좀 더 확실하게 말할 수 있습니다.

둘의 인과관계를 밝히기 위해서는 다른 변수들의 영향을 통제하고 텍스트 개선만의 효과를 검증하는 실험을 하는 것이 가장 확실한 방법입니다. 그렇게 등장한 것이 'A/B 테스트'입니다. 같은 기간, 같은 페이지에 접속하는 사람들을 A그룹과 B그룹으로 나누어 각각 다른 화면을 보여줍니다. 물론 A그룹이 보는 화면과 B그룹이 보는 화면은 디자인, 정보 구성, 분량, 설명하는 대상 모든 것이 동일하지만 단 한 가지, 텍스트에 차이를 둡니다. 그러면 A그룹과 B그룹의 차이는 텍스트에 의한 차이가 됩니다. A그룹과 B그룹이 각각 다른 사람이라는 차이도 있다고요? 2부에서 배웠던 무작위 표집 방식으로 두 그룹을 '동일한 사용자 집단'으로 가정할 수 있습니다. 그렇게 해서 텍스트 개선과 전환율의 인과관계를 검증할 수 있다면 우리는 전환율이 개선되지 않는 문제를 텍스트의 사용성이 원인이라는 문제로 정의할 수 있습니다.

기획자를 위한 심리학적 씽킹

디자인 씽킹은 세계적인 디자인 기업 아이디오에서 대중화한 문제 해결을 위한 방법론입니다. 디자이너의 사고에 관한 내용이지요. 간략히 설명하자면 공감을 통해 사용자의 필요와 문제를 깊이 이해하고, 이를 바탕으로 문제 정의를 명확하게 한 후, 창의적이고 다양한 해결책을 모색하는 아이디어 도출 단계를 거칩니다. 그다음 가장 유망한 아이디어를 시각적으로 표현한 시제품을 제작하고, 실제 사용자에게 테스트하여 피드백을 받아 개선해 나가는 과정을 반복하는 방식입니다.

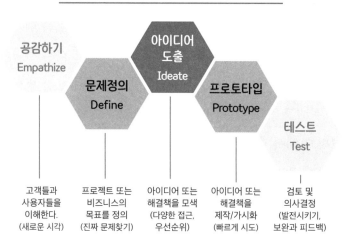

스탠퍼드 대학 d.school의 디자인씽킹 프로세스

기획자들도 문제 해결을 위한 단계로 디자인 씽킹을 학습합니다. 저도 접해 본 적이 있고요. 실제 실무에서 이 구조와 유사한 프로세스를 따라갔을지도 모르겠습니다. 사실 이 책의 초고 제목은 '심리학적 사고'였습니다. 디자인 씽킹이 디자이너의 생각법이라면 심리학적 사고는 문제 해결을 위한 심리학자의 생각법이라는 아이디어였지요. 심리학적 사고라는 이름을 붙였지만 거창한 방법론은 아닙니다. 저도 어떤 특정 방법론에 맞추어 기획서를 작성하지 않았으니까요. 이 책은 생각의 과정을 따라가며 정리된 제 관점입니다.

　자신의 관점이 없다면 관성에 따라 문제를 해결하게 됩니다. 지금까지 그래왔으니까 하며 그전의 방식을 답습하기 쉽습니다. 당연한 것은 없습니다. 당연한 것을 의심할 때 관성이 깨지고 자신만의 방식이 정립될 수 있습니다. 그때 기획자는 성장한다고 생각합니다.

성장하는 기획자

〨

일반적으로 학습은 책을 읽거나 강의를 들으며 내용을 이해하고 암기하여 지식으로 쌓는 것, 즉 주로 의미기억에 저장될 정보와 지식을 습득하는 과정에 초점을 맞춥니다. 하지만 심리학에서의 학습은 뉘앙스가 조금 다릅니다. 정보를 외우는 것뿐 아니라 경험을 통해 행동이나 반응이 변화하는 과정까지 포함합니다. 오히려 '성장'이라는 단어와 더 어울리죠? 심리학에서 학습을 바라보는 관점을 통해 기획자의 성장을 함께 고민해 보겠습니다.

학습은 반복을 통해 이루어진다

◈

지식을 제대로 습득하려면 같은 내용이라도 여러 번 익혀야 외울 수 있습니다. 이것을 반복 학습이라고 하죠. 반복을 통한 학습에는 '모방'과 '조건형성'이라는 두 가지 방법이 있습니다. 이 둘은 '학습심리학'에서 배우는 대표적인 방식입니다.

'모방'이라고 하면 왠지 어감이 부정적인가요? '사회학습이론'이라고 부르면 어떤가요? 우리는 사회에서 사람들과의 상호 작용을 통해 세상을 학습합니다. 대개는 다른 사람의 행동을 따라 하면서 이루어지죠. 대표적으로 어린아이는 부모의 행동을 따라 하는데요. 미국의 심리학자 알버트 반두라의 '보보 인형 실험'에서 보고된 바에 따르면 부모가 장난감 인형에 폭력적인 행동을 보였더니 아이도 똑같이 폭력적인 행동을 하고 부모가 친근한 행동을 했더니 아이도 장난감 인형을 쓰다듬거나 안아주며 놀이를 하더랍니다.

아이는 부모를, 청소년은 또래 친구를 따라 합니다. 성인이 되면 멘토를, 나이가 들면 사회의 기준을 따라갑니다. 또 어떤 문제에 부닥쳤을 때 이미 겪은 사람의 이야기를 듣고 유사한 방식으로 해결할 수 있습니다. 그래서 우리가 책을 읽고 공부를 하는 것이죠. 책에는 사람들이 문제를 해결해 온 방법이 상세하게 적혀있으니까요. 직접 겪지 않아도 사회학습이 일어날 수 있습니다.

'조건형성'은 고전적 조건형성과 조작적 조건형성으로 나누어 볼 수 있는데요. 고전적 조건형성의 가장 대표적인 예시가 러시아의 생리학자 이반 파블로프의 '파블로프의 개 실험'입니다.

'고전적 조건형성'은 자극과 반응의 결합을 이야기합니다. 예를 들어 강아지는 먹이를 보면 침샘이 자극되어서 침이 분비됩니다. 이것은 본능적으로 이어지는 자동 반사입니다. 그런데 강아지에게 밥을 줄 때마다 어떤 반응도 나오지 않는 중립 자극인 종소리를 들려주면 종소리는 침샘 반응과 결합이 되기 시작합니다. 그래서 나중에는 밥 없이 종소리만 들려주어도 침샘이 자극됩니다. 강아지한테 종소리라는 자극과 침샘 반응이 학습된 것이죠. 이것이 고전적 조건형성입니다.

반면 '조작적 조건형성'은 보상과 행동을 연결합니다. 미국의 심리학자 스키너가 '스키너의 상자' 실험을 통해 보여준 것이 조작적 조건형성의 대표적인 예입니다. 버튼을 누르면 먹이가 나오는 상자에 쥐를 넣습니다. 처음에 쥐는 우연히 버튼을 건드렸다가 먹이를 얻습니다. 보상이 반복되니 쥐는 버튼 근처에 가면 먹이가 나오는 것을 알게 되고, 좀 더 시간이 지나면 드디어 버튼을 누를 때마다 먹이가 나온다는 것을 학습합니다. 이것이 조작적 조건형성의 기본 모형입니다.

조건형성은 다양하게 응용이 가능합니다. 보상 대신 처벌을 가함으로써 문제행동을 감소시킬 수도 있고, 보상이 제공되는 조건을 변화시킴으로써 학습의 강도를 달리할 수도 있습니다. 가장 강력한 조건 형성의 예시로 '도파민 중독'을 들 수 있는데요. 학습이 빠르고 강하게 일어나는 보상 조건은 무작위 빈도로 강력한 보상을 얻을 때입니다. 우리가 인스타그램 릴스를 계속해서 넘기는 이유, 쇼츠 무한 재생에 빠져드는 이유는 '재미있는 영상이 언제 등장할지 모르는 무작위성' 때문인 거죠.

이 외에도 건강 등 치명적인 위험이 있는 경우 역시 아주 강력하게 조건형성이 이루어집니다. 한 번 먹고 체한 음식에 다시 손이 가지 않는 것은 해당 음식이 '위험한 음식'으로 학습되었기 때문입니다.

금연 치료에도 조건형성의 원리를 이용합니다. 담배만큼 니코틴(보상)을 주지 않는 금연초를 피우다 보면 담배를 태우는 행동에 대한 매력이 떨어집니다. 아이가 위험한 물건에 다가갈 때 큰 소리를 내서 놀래기를 반복하면 아이는 더 이상 그 물건 근처에 다가가지 않습니다.

위 설명은 왠지 본능과 연결된 부분인 것 같아 학습과 별개로 느껴질 수 있지만 그렇지 않습니다. 우리가 매일 같은 앱에 접속하는 이유, 유튜브 메인에서 새로고침을 계속하는 이유, 친절한 인사를 건네는 사장님이 있는 카페에 단골이 되는 이유 모두가 반복 학습의 결과입니다.

성장을 위한 심리학적 관점: 모방

기획자 역시 관찰과 '모방'을 통해 성장합니다. 선배나 동료의 효율적인, 혹은 성공적인 업무 수행 방식을 관찰하고 이를 따라 하면서 자연스럽게 자신의 것으로 만듭니다. 주변의 동료뿐 아니라 해당 분야의 성공적인 사례도 종종 따라 합니다.

기획자는 트렌드에 민감합니다. 발 빠르게 쫓아가기도 하고 때로는 이끌기도 합니다. 최신 트렌드를 분석하고 이를 자신의 프로젝트에 반영하기도 하지요. 브랜드 콜라보레이션이 유행하면서 전통적인 밀가루 브랜드 '곰표'와 GS25 편의점의 캔 맥주가 협업한 제품이 등장하기도 하고, '곰표'의 브랜드 이미지를 활용한 패딩 점퍼가 이슈되기도 했습니다. 밀가루와 전혀 상관없는 품목에서의 협업이 신선하고 재치 있게 받아들여지면서 한동안 다양한 브랜드에서 특이한 조합의 콜라보레이션을 보는 재미가 쏠쏠했지요. 캐릭터가 그려진 신용카드가 나오고 초콜릿 아이스크림 맛 소주가 등장한 것도 기억합니다.

위와 같은 마케팅 전략 외에도 다양한 기획에서 모방이 이루어집니다. 브랜드 전략이나 운영 모델을 모방하기도 합니다. 이러한 모방을 우리는 '벤치마킹'이라고 부르죠. 사례를 통해 배우는 학습이라고 할 수 있습니다. 하지만 벤치마킹할 때 중요한 점은 '잘 따라 하는 것'이 아니라 '나만의 관점을 구축해 가는 것'입니다.

노아AI◈라는 서비스가 있었습니다. 유튜브 콘텐츠 전략을 세우기 위해 잘 되는 콘텐츠의 벤치마킹을 도와주는 툴이지요. 이 서비스가 크게 이슈가 된 적이 있습니다. 성과가 좋은 콘텐츠를 벤치마킹하는 것이 아니라 섬네일 이미지와 제목을 그대로 표절하고 있다는 논란이었죠. 비판 여론이 거세지자 결국 서비스는 종료하게 되었습니다.

기획도 마찬가지라고 생각합니다. 벤치마킹과 표절의 차이는 '고유의 관점'에 있다고 봅니다. 축제 기획을 할 당시 현장 공부를 위해 다양한 축제와 세미나를 다니면서 연출, 운영, 제작물 등의 사례를 차곡차곡 모아두었는데요. 어떤 행사에서 축제 이름을 스티로폼으로 된 구조물로 제작해 입구에 세워

◈　지금은 기존 서비스를 종료하고 '뷰트랩'이라는 이름으로 유사한 서비스가 운영되고 있습니다.

두었더라고요. 알록달록한 색이라 눈에 확 띄면서 어떤 축제를 하는지 한눈에 알 수 있어 좋았습니다. 만약 이것을 그대로 차용하면 표절일까요? 축제 이름이 다르니까 표절이 아닌 걸까요? 그대로 베끼는 대신 이러한 연출에서 아이디어를 얻어 지난 행사에서 버려진 플라스틱을 재활용해서 구조물을 만들어 보면 어떨까요? 같은 아이디어에서 출발했지만 친환경을 지향하는 우리 축제의 정체성을 잘 반영한 연출이 될 겁니다.

잘된 콘텐츠와 서비스에서 배우는 것은 필요하지만 그것을 기반으로 자신의 관점을 쌓아나가는 것과 그대로 따라 하는 것은 분명 다릅니다. 학습을 토대로 새로운 콘텐츠나 서비스를 만들었는데, 기존과 다른 고유의 관점이 없다면 표절이 될 가능성이 큽니다. 관찰과 모방을 통해 배우고 익히면서 자신만의 관점을 만들어가는 것이 기획자에게 필요한 성장의 방향입니다.

성장을 위한 심리학적 관점: 조건형성

성장을 위한 또 하나의 방법으로는 '조건형성'이 있습니다. 조건형성은 반복적인 피드백과 학습을 통해 행동이 강화되는 과정을 설명합니다. '린 스타트업Lean Startup'이 성장하는 방식과 유사합니다. 린 스타트업 모델은 최소한의 기능이 있는 초기 제품을 빠르게 시장에 내놓고, 사용자의 피드백을 통해 제품의 기능을 강화 또는 수정을 반복하면서 제품을 고도화합니다. 실험적인 접근을 통해 테스트를 반복하고, 피드백을 반영한 데이터 기반으로 개선한다는 점에서 마케팅 전략인 그로스 해킹과도 유사하다고 볼 수 있습니다.

이 과정을 반복하면 기획자는 저마다 노하우를 갖게 됩니다. 'A 상황에서 B로 대응하니 긍정적인 반응이 나오더라'와 같은 식으로요. 반복된 피드백을 통해 조건형성된 문장이 자신의 원칙이 됩니다. 그러나 쌓인 경험을 통해 세워진 원칙에 지나치게 의존할 경우, 오히려 고정된 생각에 갇힐 수 있습니다. 사용자의 피드백이 언제나 정답일 수 없고, 게다가 단기적인 성과만 추구하다 보면 장기적인 목표와 멀어질 위험도 있습니다.

유튜브 운영의 사례를 이어가 봅시다. 유튜브를 운영하다 보면 조회수가 많이 나오는 섬네일과 제목에 대한 노하우가 쌓일 겁니다. 하지만 조회수만을 성과기준으로 놓고, 그 피드백만 따라가는 것은 위험할 수 있습니다. 자극적이거나 선정적인 섬네일과 제목은 사람들의 관심을 끌어내기 쉽지만 소위 '어그로'를 끄는 섬네일을 사용해 조회수를 높이는 전략은 장기적으로 채널 운영에 불리해질 수 있습니다. 우리 채널의 주제와 브랜드에 관심이 없는 사람들이 유입될 확률이 높고, 시청 지속시간을 떨어뜨릴 위험이 있기 때문입니다.

여성 속옷 브랜드를 런칭하여 인스타그램 계정을 운영한다고 가정해 봅시다. 이미 많은 브랜드가 속옷이 돋보일 수 있는 화보 사진으로 계정을 운영하고 있습니다. 만일 빠르게 팔로워를 모으고 싶다는 생각에 자극적인 사진으로 피드를 채우면 어떻게 될까요? 신생 브랜드치고 빠르게 팔로워를 모을 수 있을지는 모르지만 그렇게 모인 팔로워들은 대개 외국인이거나 남성이거나 가계정일 확률이 높습니다. 정작 타깃 고객인 여성을 브랜드의 팬으로 만들 가능성이 낮아집니다. 이처럼 단기적인 피드백과 보상만 따라가다가는 장기적인 목표와 멀어집니다.

결국 필요한 것은 유연한 사고

◈

모방학습과 조건형성 모두 경험을 통해 배우고 성장하는 방식입니다. 하지만 앞서 설명했듯 경험에 지나치게 의존할 경우 오히려 생각이 갇히게 될 위험이 있습니다. 결국 우리에게 필요한 것은 '유연한 사고'가 아닐까 싶습니다.

심리학에서도 유연한 사고를 위한 장치가 있습니다. 언제나 논문의 마지막 장에 들어가는 '디스커션discussion'입니다. 디스커션에 반드시 들어가야 할 것은 연구의 '의의'와 '한계'입니다. 그리고 더 훌륭한 논의가 되기 위해서는 '후속 연구에 대한 제언'까지 들어가는 것이 좋습니다.

'의의'는 연구가 가지는 가치입니다. 이 연구의 의미와 다른 연구와의 차별점을 날카롭게 제시할수록 가치 있는 연구가 됩니다.

다음은 '연구의 한계'입니다. 그 어떤 해결 방식도 완벽하게 문제를 해결할 수는 없습니다. 무엇을 선택하든 포기하든 희생은 있게 마련입니다. 그렇다면 그 선택이, 이 연구가 왜 완벽할 수 없는지 알아야 합니다. 연구를 오염시킨 요소와 미처 고려하지 못한 변수와 부족했던 부분이 무엇이었는지를 밝히는 것이 '연구의 한계'입니다.

마지막으로는 '후속 연구를 제언'해야 합니다. 본 연구에서 배운 점을 토대로 다음에 유사한 주제로 연구할 경우 시도해 볼만한 방식이나 본질에 더 다가가기 위해 필요한 연구를 언급하는 겁니다. 이 부분에서 연구자가 본인의 연구를 얼마나 깊고 넓게 이해했는지 엿볼 수 있습니다. 자신의 연구가 큰 흐름에서 어디에 속하는지 알아야 후속 연구를 구체적으로 제시할 수 있기 때문입니다.

디스커션은 토론이라는 의미도 있습니다. 디스커션에 쓰

는 내용은 연구자의 생각이지만 토론을 통해 논의를 확장하자는 의미도 담겨 있습니다. 기획자에게도 디스커션이 필요합니다. 심리학자는 유사한 전공의 연구자들과 디스커션하게 되지만, 기획자는 기본적으로 더 다양한 시선을 가진 동료들과 함께 일하기 때문에 심리학자보다 디스커션하기 좋은 환경에 있습니다.

기획자는 프로젝트가 끝난 뒤 각각의 담당자들과 디스커션을 나눌 수 있습니다. 기획자의 디스커션은 진행하는 프로젝트(혹은 자신의 기획)를 돌아보고 개선점을 찾는 과정입니다. 연구 디스커션과 마찬가지로 이번 프로젝트의 의의를 객관적으로 파악하는 과정이 필요합니다. 이 프로젝트의 목표와 다른 유사한 프로젝트와의 차별점을 분석하며 프로젝트의 핵심적인 성공 혹은 실패 요인을 찾아보아야 합니다.

프로젝트에는 언제나 한계가 존재합니다. 예산이 부족할 수도 인력이 부족할 수도 있습니다. 혹은 예상치 못한 외부 요인으로 프로젝트가 중단되거나 아쉬운 성과를 내기도 합니다. 연구의 한계처럼 프로젝트의 한계를 만든 요소를 명확히 분석할수록 같은 실수를 반복하지 않을 확률이 높아집니다.

마지막으로 다음 프로젝트에 대한 제언을 남길 수 있습니다. 이번 프로젝트에서 얻은 것과 개선점, 시도해 볼 만한 좋은 아이디어는 무엇이 있는지를 논의해 볼 수 있지요.

여기까지의 과정을 통해 우리는 성장합니다. 시행착오를 반복하여 학습이 이루어지고 학습이 모여 성장을 이룹니다. 조금씩 발전하기에 하루하루 성장하는 모습을 눈치채기 어려울지도 모릅니다. 그러나 1년 전의 모습과 1년 후의 모습을 비교해 보면 완전히 다른 존재가 된 것을 발견할 수 있습니다. 1년 전과 1년 후의 모습을 비교하기 위해서는 꾸준해야 합니다. 어제보다 오늘이 나아졌다면 성장한 하루라고 생각해도 좋을 겁니다. 그러니 어제와 오늘이 드라마틱하게 다르지 않다고 해서 좌절할 필요는 없습니다. 모두가 겪는 성장의 과정일 테니까요.

에필로그
심리학을 무기로 삼은
기획자의 항변

심리학은 제가 대학에 입학하기 전부터 지금까지도 유망한 학과입니다. 교수님도 학생도 도대체 언제까지 유망하기만 할 거냐는 자조적인 농담을 하곤 하지요. 세상은 심리학을 늘 필요로 하고 있는데 어째서인지 심리학자들은 그곳에 없는 느낌입니다. 아마도 '사람들이 기대하는 심리학'과 '학교에서 배우는 심리학'의 괴리가 그 이유이지 않을까 싶습니다.

저는 심리학이 더 이상 학교에서 배우는 이론에 머물지 않고 현장에서 적용되는 모습을 보고 싶었습니다. 그런데 학부 졸업 이후 바로 일에 뛰어들어 보니 사회에서 하는 일이 모두 사람을 향해 있더군요. 심리학의 필요성을 더 절실하게 느끼게 되었습니다. 저는 심리학을 다시 더 공부하고, 범죄심리학이라는 전공과 달리 현재는 UX 관련 분야에서 일하는 괴이

한 길을 걷고 있습니다.

그러다 보니 항상 범죄심리와 UX가 대체 어떤 관련이 있느냐는 전공과 일의 이질감에 관한 질문을 받습니다. 나름의 대답을 반복하다 보니 그 내용을 아예 글로 써봐야겠다는 생각이 들었지요. 이 글은 "심리학은 사람에 관해 공부하는 일이고 사람이 겪는 문제를 해결하는 일에 써먹을 수 있다."라는 항변이기도 합니다.

삶의 많은 영역이 디지털로 옮겨가고 일을 대체할 로봇도 더 발전할 텐데 심리학이 필요하냐고 의문을 가질 수 있습니다. 문과의 시선이겠지만 저는 '그렇다'라고 답하고 싶습니다. 인공지능을 작동하기 위해 알고리즘을 짜는 것은 사람의 일이고, 알고리즘은 곧 생각법을 짜는 일이라고 생각하기 때문입니다. 컴퓨터가 스스로 학습하는 딥러닝의 시대가 오더라도 컴퓨터가 학습하는 방식을 설계하려면 결국 인간이 사고하는 방식을 알아야 합니다. 그래서 기술이 기계에 대체되는 시대에 오히려 사고력이 인간의 무기가 되리라고 생각합니다.

제가 기획자로 처음 일을 시작할 때 썼던 자기소개서의 제목은 "364일을 만드는 기획자"였습니다. 대학 생활을 하면서 이런저런 행사의 스태프로 경험을 쌓았는데요. 특성상 짧으면 반나절, 길어도 3일이 대부분인 행사의 스태프를 하면서 내가 기획자가 된다면 즐거운 하루에서 끝나는 게 아니라 그 하루로 인해 앞으로의 삶에 영향을 주는 그런 경험을 만들고 싶다고 생각했습니다. 자기소개서 제목은 '특별한 1일이 아니라 그 이후의 364일을 만드는 기획자가 되고 싶다는 포부'의 표현이었죠. 그 다짐을 잘 지켜가고 있는지는 잘 모르겠네요.

이 책이 하루짜리 교양 쌓기에서 끝나지 않고, 여러분이 앞으로 하는 기획에 영향을 미칠 수 있다면 매우 기쁠 것 같습니다. 끝까지 읽어주셔서 감사합니다.

참고 문헌

1부. 심리학에 대한 세가지 오해

Iyengar, S. S., & Lepper, M. R. (2000). "When choice is demotivating: Can one desire too much of a good thing?" Journal of Personality and Social Psychology, 79(6), 995-1006.

Schwartz, B. (2004). The Paradox of Choice: Why More Is Less. New York: Harper Perennial.

Scheibehenne, B., Greifeneder, R., & Todd, P. M. (2010). "Can There Ever Be Too Many Options? A Meta-Analytic Review of Choice Overload." Journal of Consumer Research, 37(3), 409-425.

2부. User: 사용자 분석을 위한 관점

Zimbardo, P. G. (2007). The Lucifer Effect: Understanding How Good People Turn Evil. Random House.

3부. eXperience: 경험 분석을 위한 관점

Simons, D. J., & Chabris, C. F. (1999). Gorillas in our midst: Sustained inattentional blindness for dynamic events. Perception, 28(9), 1059-1074.

Cherry, E. C. (1953). Some experiments on the recognition of speech, with one and with two ears. The Journal of the Acoustical Society of America, 25(5), 975-979.

Wansink, B., & Sobal, J. (2007). Mindless Eating: The 200 Daily Food Decisions We Overlook. Environment and Behavior, 39(1), 106-123.

Iyengar, S. (2010). The Art of Choosing. Twelve.

Vohs, K. D., Baumeister, R. F., Schmeichel, B. J., Twenge, J. M., Nelson, N. M., & Tice, D. M. (2008). Making choices impairs subsequent self-control: A limited-resource account of decision making, self-regulation, and active initiative. Journal of Personality and Social Psychology, 94(5), 883-898.

Raichle, M. E., & Gusnard, D. A. (2002). Appraising the brain's energy budget. Proceedings of the National Academy of Sciences, 99(16), 10237-10239.

Asch, S. E. (1955). Opinions and social pressure. Scientific American, 193(5), 31-35.

Williams, L. E., & Bargh, J. A. (2008). Experiencing physical warmth promotes interpersonal warmth. Science, 322(5901), 606-607.

Botvinick, M., & Cohen, J. (1998). Rubber hands 'feel' touch that eyes see. Nature, 391(6669), 756.

심리학으로 기획합니다

초판 1쇄 발행 2025년 1월 30일

지은이 박승원

책임편집 류정화

펴낸이 윤주용
편집 도은주 | 마케팅 조명구 | 홍보 박미나

펴낸곳 초록비공방
출판등록 2013년 4월 25일 제2013-000130
주소 서울시 마포구 동교로27길 53 308호
전화 0505-566-5522 | 팩스 02-6008-1777

메일 greenrainbooks@naver.com
인스타 @greenrainbooks @greenrain_1318
블로그 http://blog.naver.com/greenrainbooks

ISBN 979-11-93296-81-3 (03320)

어려운 것은 쉽게 쉬운 것은 깊게 깊은 것은 유쾌하게

초록비책공방은 여러분의 소중한 의견을 기다리고 있습니다.
원고 투고, 오탈자 제보, 제휴 제안은 greenrainbooks@naver.com으로 보내주세요.